L'AMINTE
PASTORALLE·

TRADVCTION NOVVELLE
DV TASSE·

A PARIS,
chez TOVSSAINCT QVINET , au Palais , sous
la montée de la Cour des Aydes.

M. DC. XLVIII.

AVEC PRIVILEGE DV ROY.

A

MONSIEVR
MONSIEVR

FERRAND, CONSEILLEI
du Roy en ſes Conſeils d'Eſtat, & Priu
Lieutenant Particulier, Ciuil, & A
ſeſſeur Criminel, de la Ville Preuoſté
& Vicomté de Paris, Seigneur d
Ville-Meillan, & de la Coindrie e
Poitou, &c.

MONSIEVR,

Voicy des Eſtrangers qu
ſe viennent ietter entre vos bras & im
plorer voſtre protection contre les enne

mis que le mal-heur, ou l'enuie leurs pou-
roient exciter. il est vray qu'ils ne font
que Bergers, mais si vous leur faites la faueur de les entendre, ie m'asseure que s'ils
font peu considerables par la qualité de
leur condition, vous les trouuerez illu-
stres par les nobles temoignages qu'ils
vous donneront de leur vertu. L'Italie qui
les a veus naistre, les a pareillement admi-
rez, & ce grand Tasse qui les a produits à
rendu son nom immortel par l'immorta-
lité de leur gloire. Souffrez donc Monsieur, quils ayent l'honneur de vous en-
tretenir, & accordez vn moment d'au-
dience au recit de leurs aduentures; afin
qu'ils espreuuent auiourd'huy en vous
cette courtoisie qui est si naturelle à toute
la France, & que vous sçauez exercer de
si bonne grace, qu'il n'y a personne qui
vous puisse disputer ces aduantages. Mais
Monsieur il n'est pas necessaire de vous
solliciter à leur faire vne faueur que vostre bonté accorde ordinairement à tout
le monde: Ayant herité de la charge &

EPISTRE.

des vertus de cet auguste personnage
Anthoine Ferrand vostre pere : les
soins qu'apres luy vous auez pris depuis
vingt ans, & du public, & du particulier,
persuade assez à ce genereux Amynte que
ie vous presente que vous ne l'abandon-
nerez point à la mercy des enuieux, & des
ignorans qui ne cognoistront pas plustost
que vous luy faites l'honneur de le prote-
ger, qu'ils seront contrains de se taire, &
de respecter l'authorité de vos sentimens.
C'est ce qu'il souhaitte auec passion, &
qu'il attend auec impatience, afin qu'a-
pres cette grace, il puisse publier par tout
le monde les effets de vostre generosité,
& les extremes obligations que vous
aura toute sa vie,

MONSIEVR,

Vostre tres-humble tres-obeissant & tres-
affectioné seruiteur T. QVINET.

PRIVILEGE DV ROY.

LOVIS PAR LA GRACE DE DIEV ROY DE FRAN-
CE ET DE NAVARRE, à nos amez & feaux Conseillers les Gens
tenans nos Cours de Parlement Maistres des Requestes ordinaires de
Nostre Hostel, baillifs, Seneschaux, Preuosts, leurs Lieutenans, & à tous
autres de nos Iusticiers & Officiers qu'il apartiendra, Salut. Nostre cher &
bien amé Toussainct Quinet, Marchand Libraire de nostre bonne ville de
Paris, nous à faît remõstrer qu'il desireroit faire imprimer vne piece de theatre intitulée
Amynte Pastoralle Traduction nouuelle, ce qu'il ne peut faire sans auoir sur ce nos lettres
humblement requerant icelles. A CES CAVSES desirant fauorablemens traitter ledit
exposant, nous luy auõs permis & permettons par ces presentes de faire imprimer, vendre
debiter en tous lieux de nostre obeissance, ledit liure en telle marge & tel caractere &
autant de fois que bon luy semblera durant le temps & espace de *huict ans*, entiers &
accomplis à conter du iour que ledit liure sera acheué d'imprimer pour la premiere
fois, & faisons tres-expresses deffenses à toutes personnes de quelque qualité & condition qu'elles soient de l'imprimer faire imprimer vendre ny debiter durant ledit
temps en aucun lieu de nostre obeissance sans le consentement de l'exposant, souz
pretexte d'augmentation, correction, changement de tiltre, fauces marques ou autres
en quelque sorte & maniere que ce soit, à peine de trois mille liures d'amande paya-
ble sans deport, nonobstant opositions ou appellations quelconques par chacun des
contreuenans, appliquables vn tiers à nous, vn tiers à l'Hostel Dieu de nostre bonne
ville de Paris, & l'autre tiers audit exposant, confiscation des exemplaires contrefaits &
de tous despens dommages & interests a *condition qu'il en sera mis deux exemplaires en
nostre Bibliotheque publique, & vn en celle de nostre tres-cher & feal le sieur Seguier, Cheualier
Chancelier de France, auant que de les exposer en vente, à peine de nullité des presentes*, du
contenu desquelles nous vous mandons que vous fassiez iouïr & vser plainement &
paisiblement ledit exposant, & tous ceux qui auront droit de luy sans aucun empes-
chement, Voulons aussi qu'en mettant au commencement ou à la fin dudit liure vn
extraict des presentes, elles soient tenuës pour denement signifiées & que foy y soit
adioustée, & aux copies d'icelles collationnées par l'vn de nos amez & feaux Conseillers & Secretaires, comme à l'original, Mandons aussi au premier nostre Huissier ou
Sergent sur ce requis de faire pour l'executiõ despresentes tous exploits necessaires sans
demander autre permission. CAR TEL EST NOSTRE PLAISIR, Nonobstant cla-
meur de Haro, & Chartres Normandes & autres lettres à ce contraires. Donn.
à Chasteau le 14. iour de May, l'an de grace mil six cens trente huict & de nostre regne
le vingt huictiesme.

Par le Roy en son Conseil,

DEMONCEAVX.

Les exemplaires ont esté fournies, ainsi qu'il est porté par les lettres de Priuilege.

Acheué d'Imprimer pour la premiere fois le 18. May, 1638.

LAMINTE
DV SEIGNEVR
TORQVATO TASSO
accommodée au Theatre François.

PROLOGVE.

AMOVR (Deguisé en Berger.)

Vi iamais eut pensé que sous la forme
humaine
Vn Dieu voulût cacher sa grandeur
souueraine!
Qui iamais eut pensé qu'il fut venu
loger
En ces lieux écartez comme vn simple Berger.

PROLOGVE.

Celuy qui pres des murs d'vne ville sapée
A fait tomber cent fois l'impitoyable épée.
Du grand Dieu des combats, & qui sur ces Autels
Captiue les desirs de tous les immortels.
Celuy de qui le feu peut eteindre la foudre
Dont Iupiter tonnant met les Palais en poudre,
Qui luy fait trauerser malgré tous ses riuaux
La terre sous le nom de diuers animaux;
Qui pour Endymion fit descendre la Lune;
Qui fait tomber des mains le trident à Neptune;
Et qui du moindre éclat de ses traits glorieux
De tous les Elemens se rend victorieux.
Ce changement d'habit ne change pas mon estre;
Et quand mesme Venus pourroit me reconnétre
Voyant que dans les boys ie viens tenir ma Cour,
Elle me iugeroit pour tout autre qu'Amour.
Je me suis derobbé loin de cette importune,
Qui veut rendre sa flâme à ma gloire commune;
Et qui pense borner mon Empire & mes loix
Dedans les seuls Palais des Princes & des Roys;
Comme si les Bergers ne portoient pas mes marques
Aussi bien que les Dieux & les plus grands Monarques,
Elle ne veut souffrir d'habiter les hameaux

PROLOGVE.

Qu'aux plus ieunes Amours au son des chalu-
    meaux ;
Ny d'allumer au cœur de la troupe champétre
La naturelle ardeur que leur flâme fait naitre.
Mais bien que d'vn enfant ie semble auoir le front
Ie ne veux pas souffrir vn si sensible affront,
Ny flechir sous Venus à mon desauantage,
Elle n'eut pas l'honneur d'auoir pour son partage,
Quand l'Vniuers naquit, les Traits ny le Bran-
    don,
Ce fut moy qu'on iugea digne d'vn si beau don.
Ie veux donc desormais vser de ma puissance
Sans me soumettre plus à son obeissance.
Elle doit son pouuoir à sa seule Beauté,
Je ne releue point de son authorité.
En vain quand ie la fuis dans quelque solitude,
Elle me va cherchant auec inquietude,
Et promet des baisers à qui m'enseignera
Pensant par ce moyen qu'on me decelera.
Pas vn de ces Amans de qui ie suis le maitre
Ne veut pour l'obliger me faire reconnetre,
C'est inutilement qu'elle va sur mes pas,
Elle peut s'assurer de ne me trouuer pas.
Pour estre moins connu i'ay déguisé mes charmes,
Ie me suis depouïllé de mes superbes armes,
Ie n'ay plus sur les yeux le bandeau que i'auois,
Et ie ne porte plus mon arc ny mon carquois :

PROLOGVE.

Mais sans qu'il soit besoin qu'aucun trait ie deco-
  che,
Mon abord est fatal à tous ceux que i'approche.
Ainsi ie ne viens point tout à fait desarmé
En ses aymables lieux dont mon cœur est charmé;
Ma houlette est mon Sceptre, & ie porte des fla-
  mes
Qui me font triompher des plus superbes ames.
Vn seul trait me suffit par qui victorieux
Ie me fais adorer des hommes & des Dieux.
C'est auec celuy c'y qu'il faut que ie surmonte
Le cœur d'vne Beauté qui de moy ne tient conte,
D'vne Nymphe qui veut passer parmy les bois.
Le plus beau de ses iours exempte de mes Loix.
Vn si noble dessein contentera l'enuie
Que i'ay d'assuietir la rebelle Syluie.
Ayant receu du Ciel mon pouuoir immortel,
De ce que i'entreprens l'effet en sera tel,
Que parut autrefois dans vne égale attainte
Celuy qui captiua la liberté d'Amynte,
Lors que parmy les bois il luy portoit ses traits
Charmé de la vertu de ses plus doux attraits
Mais afin que mon coup fasse plus d'ouuerture,
I'attendray le succez d'vne telle auanture,
Et que se laissant vaincre à sa fidelité
Cette Nymphe pour luy n'ayt plus de cruauté,

PROLOGVE.

Alors me paroiſſant tout à fait amollie,
Ie feray dans ſon ſein ma premiere ſaillie,
Et malgré ſes efforts, ie ſçay bien qu'apres tout,
I'auray trop de moyens pour en venir à bout.
Mais pour mieux acheuer vn ſi ſubtil ouurage,
Et de mon artifice en tirer auantage,
En habit inconnu ie m'en vay me gliſſer
Au milieu des Bergers que i'appercoy danſer.
La ie feray mon coup, & ſans eſtre viſible
Aux yeux les plus ſubtils ie me randray nuiſible
Ainſy dans les foreſts s'entendront nuit & iour,
Et Faunes, & Bergers, qui parleront d'amour,
Car ie recueilleray dans ce Deſert ſauuage
Les doux fruits que i'attens d'vn penible voyage,
Et les Amans verront que d'vn boys écarté
I'en ay fait le ſeiour de ma Diuinité.
Ma main fera gliſſer dans le profond des ames
Qui viuent en ces lieux, la vertu de mes flames;
Et ie leur donneray parmy ces mouuemens
Pour d'aymables ſuiets de nobles ſentimens;
Par ce qu'en quelqu'endroit que ie puiſſe parétre
Ie ſuis touiours Amour, & ne ceſſe pas d'eſtre
Auſſy bien des Bergers le vainqueur glorieux,
Que ie le ſuis par tout des Heros & des Dieux
Que ſi pour m'enuier ma Mere trouue étrange

PROLOGVE

Que par ce beau succez i'augmente ma loüange ;
Et ne reconnoit point qu'elle est deuë au Brandon
Que porte dans sa main l'illustre Cupidon ;
Alors il paroitra par son erreur extreme
Qu'elle à pris le bandeau que ie portois moy même.

AMY LECTEVR.

IE sçay bien que d'abord tu blameras la temerité qui me fait marcher sur les pas du plus grand homme qu'aiſt iamais produit l'Italie, ie ne doute point auſſi que tu ne iuges en meſme temps que ſi ma faute eſt grande elle eſt excuſable, puis que te donnant vne imitation, & non point vne pure traduction, par le commandement de mes intimes amys, ie me ſuis plus picqué en ſon impreſſion d'obeiſſance que de gloire, que ſi tu m'honnore tant que de ietter les yeux deſſus, ie te coniure de la lire comme vn protecteur, & non pas comme vn ſeuere critique, conſiderant que les plus belles penſees du Taſſe n'y ſont pas oubliées, & quelles ont eſté fidellement traduittes. Excuſe les fautes que l'Imprimeur y peut auoir faites.

ACTEVRS.

AMOVR, Defguifé en Berger.

AMYNTE, Berger, amoureux de Syluie.

TYRSIS, Berger amoureux de Nerine.

ERGASTE, Berger.

ELPIN, Berger.

MONTAN, Berger pere de Syluie.

DAPHNE', Bergere.

SYLVIE, Bergere.

NERINE, Bergere.

ARISTIDE, Difciple d'Efculape.

LERIDAM, Sortant de l'eau.

SATYRE, amoureux de Syluie.

LA SCENE EST A FERRARE.

L'AMYNTE
PASTORALLE.
ACTE I.

DAPHNE' SYLVIE TYRSIS,
AMYNTE.

SCENE PREMIERE.
DAPHNE', SYLVIE,
DAPHNE'

Voy ne veux tu iamais, adorable Syl-
uie,
Goufter les paffe-temps d'vne plus dou-
ce vie?
Et ne veux tu iamais, embraffant les plaifirs,
Faire naitre en ton fein les amoureux defirs?

A

la porte des Gots auec quinze cens hommes ar-
mez de piques & de corcelets, & cinq cens Ar-
chers fous la conduite de Clodimire, que vous
ferez couler fans bruit le long de nos vieux re-
tranchemens. Sigeric commandera dans la ville
jufques à noftre retour, & Ataulphe nous at-
tendra hors des portes auec deux cens cheuaux
pour fauorifer noftre retraite. Ie vous prie que
cet ordre foit exactement obferué, que les armes foient en bon eftat, & que deux heures auãt
le jour naiffant ces troupes foient rangées dans
la grande place d'armes. C'eft par cet ordre, pere
fans pitié, que ie repousseray ta violence, & que
ie me défendray d'vne cruauté qui deftruit &
toutes les Loix, & tous les fentimens de la Nature. C'eft ainfi, ô ma chere Indegonde! que
ie fouftiendray ta querelle, que par le fang des
impitoyables Miniftres de Leuigilde ie repare-
ray la perte de celuy que l'inhumaine Goifinte
tira de ton beau corps, & que jufqu'à la derniere goutte du mien ie défendray les beaux fentimens que tu m'as infpirez. Dieu de ma chere
Indegonde, Dieu que par les charitables inftru-
ctions de cette moitié de mon ame ie reconnois
maintenaɩ t fans erieur! tu penetres & dans l'innocence de mes intentions, & dans la juftice de

SYLVIE.

Ie croy, chere Daphné, qu'autre qu'elle iamais
N'apporta dans l'esprit, vne plus douce paix.

DAPHNE'

Ainsi l'on remarqua ceux qui dans l'innocence
Habiterent iadis le monde en sa naissance,
Exempts de la rigueur de nostre âge sanglant,
Ne boire que de l'eau, ne manger que du gland;
Mais depuis que Ceres fit iaunir les Campagnes,
Et que le vin coula du sommet des montagnes,
Nous vsâmes plus fins de nouuelles boissons
Et de mets delicats changez en cent façons.
Si tu veux donc Syluie assuietir ton ame
A l'Empire d'Amour, & reuerer sa flame,
Ton cœur confessera de ses plaisirs charmé,
Qu'il n'est rien que d'aymer ainsi que d'estre aymé.
Ie manquois, diras tu, d'esprit & de finesse,
De passer vainement ma plus tendre ieunesse,
Sans vouloir recueillir les agreables fruits,
Que ie pouuois tirer de tant de belles nuits.

SYLVIE.

Daphné quand ie feray des plaintes si friuoles,
Quand ie prononceray de si lasches paroles,

Et quand tu me verras les aiguillons sentir,
Que produit dans l'esprit vn soudain repentir:
Tous nos fleuues captifs, en rebroussant leur course,
Reporteront leurs eaux à leur premiére source:
Le Loup redoutera d'approcher les aigneaux,
L'Ours s'en ira chercher la demeure des eaux;
Et le Dauphin quittant les humides campagnes
Se plaira d'habiter les plus hautes montagnes.

DAPHNE'

Ta ieunesse te fait méprifer à ce iour,
Pour la Reyne des boys, la puissance d'Amour.
Ainsy ie refusois à ce Dieu ma franchise,
Lors qu'vn méme dessein sembloit m'auoir surprise:
Je pourfuiuois tousiours le fanglier & le daim,
Et mon front se couuroit d'vn superbe dédain:
Mais comme on voit le temps peruertir toute chose,
Le temps fit de moy méme vne metamorphose;
I'appris ce que pouuoient à mon contentement
Les importuns soupirs qui viennent d'vn Amant;
Et qu'vne fille enfin doit paroistre amolie,
Alors qu'à ses genoux souuent il s'humilie.
Vne nuit me fit voir plus que par leur clarté
Mille iours ne m'auoient montré de volupté:
Elle fut le fuiet par qui mon ignorance
Trouua dans ses malheurs dé la reconnoissance:

Ce qui fit que ie dis, quoy que trop tard encor,
A Diane; Reprens & ton arc & ton cor,
Pour iouir en repos de si grandes delices
Ie ne puis desormais te vouer mes seruices:
De méme nous verrons t'on Amynte vainqueur,
Et posseder luy seul l'empire de ton cœur.

SYLVIE.

Tu croys ce que tu dis, mais scache que mon ame
Insensible à l'Amour se mocque de sa flame;
Et que i'aymerois mieux mourir dix mille fois,
Que de suiure iamais ses tyranniques loix.

DAPHNE'

Pourquoy pour ce Berger ton cœur est il de glace?
N'est-il pas descendu d'vne assez noble race?
Et t'imagines tu que son nom soit trop bas
Pour posseder vn iour de si charmant appas.
Non si l'on voit Cydippe en toute sa famille
T'auüer hautement pour son vnique fille,
Luy qu'vn fleuue diuin par vn sort bien-heureux
Autrefois engendra sur ses bords amoureux.
Il est fils de Syluain, que le Ciel a fait naitre
De Pan, qui des Bergers est le souuerain maitre.
Ce qui me fait juger que pour la qualité.

Tu n'y sçauroy trouuer de l'inegalité.
Mais pour mieux t'obliger à terminer sa peine,
Consulte tes beautez dedans quelque fontaine;
Et voy si de ton teint les Roses, & les Lys,
Te peuuent égaller auec Amaryllis.
Elle sent toutefois des douleurs pour Amynte,
Qui charmé de tes yeux se mosque de sa plainte
Et dans la passion dont amour la surprend,
Luy porte des respects que luy méme te rend.
Fassent les iustes Dieux que sa volonté dure;
Car s'ils flechit iamais aux peines qu'elle endure,
En se donnant tous deux la coniugale foy,
Son esprit dessillé se mocquera de toy.

SYLVIE.

Que ne peut-il déja me traiter de la sorte:
Qu'il change de dessein tout cela ne m'importe;
I'auray trop de bon-heur Daphné si iay le bien
Que cét ambitieux ne se dise pas mien.

DAPHNE'

Dy moy d'où peut venir le suiet de ta hayne.

SYLVIE.

Il procede d'Amour seul Autheur de sa peine.

DAPHNE'

Dieux qui croiroit iamais qu'vne telle beauté
Conceut tant de rigueur, & d'inhumanité.

SYLVIE.

Ma réponse te cause vn deplaisir extréme.

DAPHNE'

Tu te trompe Siluie, ou me trompe moy mesme.

SYLVIE.

I'abhorre son amour, dont l'importunité
Tend des pieges secrets à ma pudicité.
Ie le soulois aymer lors que plain d'innocence
Il n'addressoit des vœux qu'à mon obeissance.

DAPHNE'

Le voudrois tu blasmer s'il procure ton bien.

SYLVIE.

Tu crois qu'il me cherit, & moy ie n'en croy rien.
Si tu veux que ma voix à tes discours responde

Ne parle plus d'vn Dieu qui bleſſe tout le monde.

DAPHNE'

Si quelqu'autre pouuoit t'aymer égale ment,
Luy ferois tu ſouffrir vn ſi cruel tourment ?

SYLVIE.

Un autre tel que luy de pareille bleſſeure
En tireroit ſans doute vne pire auenture ;
Car tous les cœurs qu'Amour à ſes loix à ſoumis,
Sont indifferemment mes mortels ennemis.

DAPHNE'

S'il auient que l'Amour paſſe dans ton caprice
Pour vn Dieu criminel, la vertu ſera vice,
Les ieniſſes fuiront l'aproche des taureaux,
Et l'air ne ſera plus l'element des oyſeaux,
Dans des triſtes deſerts les tourdes ſi fidelles
S'en voleront bien loin de leurs douces femelles,
Et meſme l'on verra les hommes inconſtans
Eſtimer plus l'hyuer que l'aymable printemps.
Non non ſi tu me crois, quitte la ce langage,
Qui ne ſera iamais qu'à ton deſauantage.

Ayme

Ayme qui te cherit, puisque cette saison
Semble par ses obiets chatoüiller ta raison.
Regarde ce pigeon, qui dans cette campagne
D'vn murmure secret carresse sa compagne,
Voy ces autres oyseaux qui semblent t'inuiter
A vouloir auiourd'huy leurs plaisirs imiter?
Entens ce Rossignol, qui d'vn amour extréme
Chante sur ces lauriers que son semblable il ayme,
La couleuure desia d'vn sentiment benin
Pour chercher son Amant depouille son venin,
Et les tygres cruels aux forests d'Hyrcanie,
Pour adorer Amour ont leur rage bannie,
Enfin on voit par tout à genoux les mortels
Dans les Temples sacrez, parfumer ses Autels.
Et tu seras la seule en toute la Nature,
Qui ne sentiras point l'effect de sa blesseure?
Change change pour luy ton dessein odieux,
Consacre tes desirs a ce maistre des Dieux,
Et regarde combien ses fleches sont puissantes,
Puis qu'il fait soupirer iusques aux moindres plan-
tes.

SYLVIE

Quand quelqu'abre pour luy deuant moy pleurera
Exempt des cruauté mon cœur soupirera.

B

DAPHNE'

Tu ris de mes difcours fille trop infenfée;
Et fais mal à propos vn ieu de ma penfée
Mais fçache que l'efpreuue vn iour te fera voir,
S'il faut ainfi fouler le celefte pouuoir.
L'on te verra courir difforme par nos plaines
Sans t'ofer regarder dans les claires fontaines,
Et tes premiers Amans, te voyant fans appas,
Cefferont de t'aymer, & ne te voudront pas,
Pour mieux t'en affeurer, ie me fouuiens encore
Des difcours, que tenoit dans l'Antre de l'Aurore,
Le miferable Elpin fur de femblable ris,
Dont le récompenfoit la belle Lycoris.
Il luy reprefentoit qu'vne cauerne noire,
Dans le goufre fatal ou fe perd la memoire,
Regorgeoit des vapeurs du puant Flegeton,
Et de l'air enfumé des fourneaux de Pluton,
Que l'on ny banniffoit les femmes infolentes
Des feruices rendus iadis méconnoiffantes,
Ou pour les bien punir, les yeux baignez de pleurs,
On leur faifoit fouffrir d'éternelles douleurs.
Attends fi tu me crois qu'vne méme auenture
Te prepare à la fin vne méme torture;
Puis qu'au mépris des Dieux, tu fais de ta beauté
L'obiet de tes dedains & de ta cruauté.

SYLVIE.

Mais que luy répondit cette ieune Bergere,
S'opposa t'elle encore à sa iuste priere ?

DAPHNE'

Elle luy respondit d'vn seul trait de ses yeux.

SYLVIE.

Quoy ? son ressentiment ne s'expliqua pas mieux.

DAPHNE'

Elle receut enfin apres vn tel langage
Ses pleurs, & ses soupirs comme vn diuin homma-
ge.
Mais n'oublias tu point ce qu'escriuit Tyrsis
Racontant aux forests ses amoureux soucis.
Lors qu'il portoit par tout sa pauure ame abusée,
Et qu'à tous les Bergers il seruoit de risée,
Leur donnant dans l'excez d'vne estrange fureur
De iustes sentimens despouuente & d'horreur :
Encor qu'il escriuit sur l'ecorce des plantes,
Dans ces foles humeurs, des paroles sçauantes,
Et que sa main grauât dessus les saules verds

En diuerses façons ces veritables vers,
Trompeurs miroirs du cœur infidelles lumieres
Ie reconnois en vous de frauduleux appas.
Mais que me sert cela mes douleurs coustumieres
Ne peuuent s'euiter Amour ne le veut pas.

SYLVIE.

Ie consume le temps en ce lieu solitaire
Sans me ressouuenir de la chasse ordinaire,
Permets auparauant que de t'accompagner
Que pour me rafraichir ie m'en aille baigner,
Et laisser la poussiere en cette onde prochaine,
Dont le iour precedent m'a couuerte la plaine,
En poursuiuant vn daim, que le soir ie lassay,
Et que finalement de mes traits ie perçay.

DAPHNE

Ie te suiuray depres, mais vne grande affaire
M'appelle à la maison, ou ie suis necessaire.

SYLVIE.

Ie ne tarderay point de me rendre en ce lieu
Mais va t'en promptement, & ne fais point d'a-
dieu.

DAPHNE' (en s'en allant)

Pense si tu m'en crois à mon premier langage,
Et finys d'vn Amant le rigoureux seruage,
En luy sacrifiant & ton cœur & ta foy,
Connoy ce que l'amour te declare par moy.

SCENE II.

TYRSIS, AMYNTE,
AMYNTE.

Par mes soupirs ardens les roches sont
fendues,
Les arbres desseichez, & les neiges fon-
dues.
Ie me meurs, cher Tyrcis, depuis l'heure & le iour
Que ie consume au feu d'vn mal-heureux amour,
Sans auoir pour cela, iamais treuué ma belle
A mes iustes desirs qu'implacable & rebelle.
Pour moy ie ne croy pas qu'vn corps tant estimé,
Fut iamais d'vn esprit raisonnable animé.

TIRSIS.

L'aigneau mange les fleurs au leuer de l'Aurore,
Et le loup par les champs ses entrailles deuore;
Mais aussi tost qu'Amour d'vn coup malicieux
Darde subtilement son poison dans nos yeux,
Iamais il n'est content de soupirs ny de larmes,
Tant il est inhumain, & tant il à de charmes.

AMYNTE.

Amour & ma cruelle apres tant de douleurs
Ne sont ils pas repus du ruisseau de mes pleurs.

TYRSIS.

Amynte ie te plains, & faut que ie t'auoüe,
Que ie ne sçaurois voir qu'amour de toy se ioüe
Ie ne puis te souffrir en telle extremité.
Crois-tu bien ta Syluie vnique en sa beauté.
Cherche tu peux trouuer vne autre plus aymable,
Dont la fidelité te rendra le semblable,
Et qui te cherissant enfin prendra pitié
Lors que tu le voudras de ta sainte amitié.

AMYNTE.

Helas! coment veux-tu qu'en mon erreur extreme,
Ie recherche quelqu'vn sy ie me perds moy méme,

TYRSIS.

Ne desespere point, à la fin sa rigueur.
Contre tes sentimens n'aura plus de vigueur.
Le temps en éteignant ton amoureuse braise,
Flechira le dedain de cette humeur mauuaise.

AMYNTE.

Mais helas ie ne puis estant pres de ma mort
Accorder ce delay par vn dernier effort.

TYRSIS.

Ce delay sera court, sçays-tu pas que la femme
Apaise en vn moment & souleue son ame.
Elle de qui l'esprit si foible & si mouuent
En diuerse façon se tourne à chaque vent.
Mais en quel lieu fatal ta liberté surprise
Perdit elle en l'aymant sa premiere franchise.
Tu m'as tousiours bien dit que ton esprit charmé
Adoroit vn suiet sans qu'il en fust aymé:

Mais tu ne m'as point dit le nom de l'infidelle,
Qui pour tant de respects se montroit si rebelle.
Donc pour m'en éclaircir raconte moy comment
Ton malheureux dessin prit son commencement.

AMINTE.

Apprens pour satisfaire à tes iustes prieres
Ce que sçauent les mons, les forests, les riuieres :
Et connoy ce qu'enfin mes rigoureux tourmens
Ont desia fait sçauoir à tous les elemens.
Estant pres de ma fin il est bien raisonnable
Que quelqu'vn soit temoin de mon sort deplorable
Qui voyant mon trespas s'en aille discourir
Aux Bergers du suiet qui me force à mourir :
Et qu'il graue mes maux sur vne escorce tendre
Auprés du monument qui couurira ma cendre,
Afin que ma Syluie en passant par ces lieux
Puisse ietter dessus ses homicides yeux ;
Et qu'elle ayt le plaisir de comtempler sa gloire
Dans le ressouuenir d'vne t'elle victoire ;
Dont le fameux esclat dans l'esprit des Bergers
Luira tout aussi bien que chez les Estrangers.
Peut-estre elle dira, pleurant de ma disgrace,
Que ne m'est-il permis de voir encor sa face ;
Et que i'auois grand tort de mépriser vn bien,
Aueugle que i'estois, qui pouuoit estre mien.

Mais

Mais ie flatte mon mal ie suis trop miserable,
Extens de mes malheurs la suitte veritable.

TYRSIS.

Ie t'écoute, poursuy, i'ay conceu dans le sein
Pour guerir ta douleur vn excellent deffein.

AMINTE.

Le temps, qui detruit tout, de ma sixiesme année
Auoit à peine aux Cieux la course terminée,
Qu'vn accez iournalier d'honneste liberté
M'vnit au racourcy de toute la beauté.
I'admiray les appas du plus parfait visage,
Dont Nature iamais embellit son ouurage;
Et ie consideray, plein de rauissement,
Ce que le monde entier eut iamais de charmant.
Ne reconnois tu pas cette Nymphe adorable,
Qui de Cydippe rend l'honneur recommandable.
Cette fille qui fait son renom eternel,
Pour l'auoir reuestu du tiltre paternel.
Enfin n'as tu iamais remarqué dans ta vie
La celeste clarté des beaux yeux de Syluie.
Si tu la reconnois, c'est d'elle dont ie veux
Grauer sur mon tombeau l'histoire a nos neueux.

C

Mais helas! Cher Tyrſis , quand cette heure impor-
  tune,
Me force au ſouuenir de ma bonne fortune:
Mon ame pour ſortir fait de ſi grands efforts ,
Que ie croy qu'à regret elle habite mon corps.
Nous viuions autrefois dans vne ardeur ſi ſainte ,
Que l'on n'euſt pû ſans crime en diſſoudre l'etreinte:
Car nous nous cheriſſions tous deux iuſqu'à ce point ,
Que nous auions iuré de ne nous quitter point.
Nous nous entreuoyons preſque toutes les heures ;
Dedans vn meſme lieu s'eleuoient nos demeures ,
Et nos deux cœurs charmez de leur conformité ,
Agiſſoient ſeulement par vne volonté
Auec elle ſouuent i'appliquois mon eſtude
A tendre des filets dans quelque ſolitude ,
Ou le long des ruiſſeaux ie i'ettois aux poiſſons
Pour les tirer à moy de trompeurs ameçons.
Et ſi parfois i'auois en vn iour fauorable
En chaſſant , ou peſchant , fait quelque gain nota-
  ble ,
Le ſoir nous partagions pleins de contentement
Noſtre commun butin tous deux egalement.
Mais comme ie prenois par vne erreur extreme
Les oyſeaux par les champs, ie me vy pris moy meſ-
  me ,
Ie ſentis dans mon ſein ecouler vn poiſon ,
Qui d'abord me priuant d'eſprit & de raiſon ,

Me fit aſſez iuger qu'vne rude ſouffrance
Banniſſoit de mon cœur ſa premiere innocence;
Et ie m'imaginay que quelque obiet charmant,
Auoit pour m'attirer la vertu de l'aymant.
Tout le temps que i'etois abſent de ma Syluie,
Ie ne le contois plus dans les iours de ma vie.
I'auois le cœur bleſſé par d'aueugles deſirs,
Ie me laiſſois gaigner à mille déplaiſirs,
Dont le moindre liurant mon ame à la torture,
Me faiſoit ſoupirer l'eſtat de ma bleſſeure.
Enfin lors que i'eſtois eſloigné de ſes yeux,
Le meilleur entretien me ſembloit odieux.
Voila comme i'aymay deuant que reconneſtre
Ce que c'eſtoit qu'Amour, ny qui l'auoit fait nai-
*   tre.*
Mais il me montra bien quel eſtoit ſon pouuoir,
Comme par le ſuccez tu le pourras ſçauoir.
Vn beau iour de printemps Philis auec Syluie
Paſſoient dedans vn pré leur innocente vie,
Ou pour authoriſer leurs amoureux deſirs
I'eſtois le ſeul temoin de leurs chaſtes plaiſirs:
Quand Philis reſſentit ſur ſa bouche vermeille
L'aiguillon venimeux d'vne importune abeille;
Qui croyant d'y trouuer les celeſtes humeurs
Qu'elle ſouloit tirer de l'eſſence des fleurs,
Par le conduit fatal d'vne meſme ouuerture,
Fit gliſſer ſur ſa leure vne double picqueure;

Et puis l'abandonna, comme si le matin
Elle eut rauy des prez le plus riche butin.
Philis, que la douleur obligeoit à se plaindre,
N'eut iamais le moyen de se pouuoir contraindre,
Elle se tourmenta, s'affligea de son mal,
Maudit cent mille fois ce petit animal,
Qu'elle eut asseurement bien maudit dauantage,
N'eut esté que Syluie arresta ce langage ;
Luy disant, Pense-tu pour cela de mourir?
Non non quitte ces cris, i'ay de quoy te guerir.
Ie sçay dans quatre vers la vertu de deux char-
    mes,
Qui chassant le venin feront tarir tes larmes,
Ie les tiens d'Arzias s'il m'en souuient encor,
Ie l'en recompensay d'vn arc enrichy d'or.
Se leuant aussitost la blesseure elle touche
Par trois ou quatre fois de sa diuine bouche,
Murmure entre ses dents certains vers enchan-
    tez,
Dont i'ignorois la suitte & les proprietez.
Miraculeux effet, au moment quelle acheue
Philis trouue à ses maux vne agreable treue ;
Soit que ces vers secrets en eussent le pouuoir,
Comme la verité le sembloit faire voir,
Soit que sa bouche aussi, cette source d'oracles,
Qui les disoit tout bas eut produit ces miracles.

Moy voyant ce succez, il me vint vn defir
D'vfer fort à propos d'vn femblable plaifir.
Mon ame à ce befoin mal polie & confufe
Prit le flambeau d'Amour pour trouuer cette rufe,
Qui me fit voir enfin me rendant glorieux
Qu'vn Amant doit toufiours pareftre ingenieux :
Ie feignis que depuis d'vne atteinte pareille
Me venoit de piquer vne feconde abeille,
Ie me plaignis tout haut, mais bien accortement,
Difans ne pouuoir plus fupporter ce tourment.
Syluie à ce befoin me prefente fon ayde,
Ie ne refufe pas le precieux remede :
Elle approche foudain fon vifage du mien,
Et repliqua ces vers qu'on n'entendoit pas bien
Iuge de mes tranfports, confidere mon ayfe,
Et fi pour lors faccreut mon amoureufe braife.
Le plaifir me rauit tellement la raifon,
Que mon cœur fit vn vœu de mourir en prifon
O doux contentement! agreable memoire!
A quel point de bon-heur portâtes vous ma gloire:
A fin que vous deuriez, auiourd'huy vous pouuez
Dire à l'eternité ce que vous en fçauez.
Helas des ce moment en vain ie voulu feindre,
Iamais ie n'eus moyen de me pouuoir contraindre,
Vn defir importun me preffa d'implorer
Le fecours que fes yeux me faifoient efperer.

Si bien qu'à nos Bergers, aßis parmy la plaine,
Je voulus declarer le fuiet de ma peine,
Par vn ieu qu'on faifoit, où chacun doucement
Difoit à fon voifin fon penfer librement ;
Mon tour eftant venu, ie luy dis à l'oreille,
Mon cœur brufle pour vous d'vne ardeur nompa-
    reille
Et fi vous ne donnez à mes maux du fecours,
Ma vie en peu de temps terminera fon cours.
A peine auois ie dit pour toucher cette ingratte,
Que fur fon front d'yuoire vne rougeur éclatte,
Qui temoignant d'abord la honte & le couroux,
Comme vn eclair fubtil la deroba de nous,
Sans me vouloir donner pour toute recompenfe,
Que ce que peut donner la rigueur d'vn filence,
Qui pour le digne prix de ma fidelité,
Me priuera bien toft de la douce clairté.

TYRSIS.

Se peut-il faire, Amour, que fon fein foit de roche
Contre les traits dorez que ton bras luy decoche.
Cette ingratte beauté, digne de châtiment,
Ne deuroit pas auoir vn fi fidelle Amant.

AMYNTE.

Trois fois le Moiſſonneur pour voir ſes granges plei-
nes
Dé gerbes à comblé la ſurface des plaines ;
Et par trois fois l'hyuer à couuert les buiſſons
D'vn humide rempart de neige & de glaçons,
Depuis ce iour fatal, ſans que cette cruelle
Ayt voulu ſeulement que i'approchaſſe d'elle ;
Tant m'eſt iniurieux le caprice du ſort,
Qui fait que mon ſalut ne git plus qu'en la mort.

TYRSIS.

Si les Dieux permettoient qu'elle entendit ta plainte,
Pour moy ie ne croy pas qu'elle n'en fut atteinte.

AMYNTE.

Sans doute elle feroit pour croiſtre mon tourment
De méme que l'aſpic, qui fuit l'enchantement :

TYRSIS.

Eſpere en mes diſcours, i'auray cette puiſſance
De luy faire à la fin écouter ta deffenſe.

AMYNTE.

J'espere ie le veux, mais i'ay peur que iamais
Tous mes raisonnemens ne m'obtiennent la paix.

ACTE II.

SATYRE, LERIDAN, MONTAN, NERINE, TYRSIS, AMYNTE, DAPHNE.

CENE PREMIERE.

SATYRE.　(seul)

Ire que les forests, infidelle Syluie,
Celuy là te connut bien contraire à sa
　　vie,
Qui premier t'apella de ce nom odieux:
Ah qu'il estoit parfait de l'esprit & des yeux,
Dans les sombres forests les Antres solitaires
Des venimeux dragons sont les affreux repaires,
Et nourrissent souuent par de sombres détours
Les barbares humeurs des Lions, & des Ours;

D

Et tu caches, méchante au fonds de ta poitrine
Sous le trompeux esclat d'vne face diuine,
Qui se montre d'abord pleine d'humilité.
La hayne, le dedain, & l'inhumanité,
Monstres plus dangereux, plus fiers, & plus per-
  fides,
Que ne sont les Lions ny les Ours homicides:
Car ceux cy par le temps peuuent s'appriuoiser,
Et ces autres iamais ne veulent s'appaiser.
Helas si ie t'apporte vn panier plein de roses,
Qui sont plus viuement dessus ta ioüe escloles.
O dur ressouuenir, qui m'arrache les pleurs,
Ton œil imperieux se mocque de mes fleurs.
Si ie te viens offrir des pommes que me donne
Auec mille autres fruits la Deesse Pomone,
Je vois en mesme temps mepriser mon dessein,
Parce que tu les as plus rondes sur le sein.
Si ie te sacrifie en quelque belle cruche
Du miel que i'ay tiré le matin de la ruche,
Ton courage remply d'amertume & de fiel
Reiette ces douceurs qui me viennent du Ciel.
Du moins si tu ne veux pour leur bassesse extreme
Receuoir mes presens, ie me donne moy méme;
Ne me refuse pas, ie t'ayme vniquement
Tu ne sçaurois trouuer vn plus fidelle Amant.
Pourquoy dedaigne tu, Nymphe par trop barbare,
Celuy qui te cherit d'vne amitié si rare.

I'ose dire pourtant que tu deurois m'aymer
Nagueres ie me vis sur le bord de la mer,
Lors que les aquilons depoüillez de leur rage
La montroient à nos yeux libre de tout orage;
Et que dans son enclos Neptune limité
Contre les Mariniers n'estoit plus irrité.
Là i'admiray l'esclat de ma face sanguine,
Mon espaule veluë & ma large poitrine,
Mes yeux estincelans, & tels que les rubis,
Dont l'Aurore au matin parseme ses habits,
Mon estomach nerueux, ma corne venerable,
Qui m'a rendu cent fois au combat redoutable,
Et reconnu tres bien dans ce mouuent tableau,
Que pour me faire aymer ie ne suis que trop beau.
D'ailleurs ie suis si fort, qu'il n'est puissance hu-
	maine,
Que dez le premier coup mon bras ne rende vaine,
Temoignage certain de ma virilité.
Regarde maintenant si ie t'ay merité.
Peut-estre aymes tu mieux pour plaire à ton ca-
	price,
Ces ieunes Damoyseaux, qui t'offrent leur ser-
	uice,
Dont les cheueux rangez dans les regles de l'art,
N'ont pour toute beauté qu'apparence & que fard.
Ah que s'il est ainsi (cause de mon martyre)
Tu fuis bien le meilleur pour embrasser le pire;

Car si tu les cheris en mesprisant ma foy ;
Apprens que tu cheris des femmes comme toy ?
D'y leur qu'apres auoir plusieurs peines souffertes,
Montant sur le sommet des montagnes desertes
Ils combattent pour toy les Ours, & les Sangliers,
Pour voir s'ils reuiendront couronnez de lauriers.
Mais ce n'est pas mon front qui suscite ta hayne,
Ny qui me fait souffrir vne si rude peine ;
Ie suis assez pourueu de grace & de beauté,
Et tu n'as de l'horreur que pour ma pauureté.
Que les hommes des champs imitent bien les villes,
Ou Pluton dominant les ames sont seruiles,
Sans luy l'on ne peut rien, il veut estre adoré,
En cet âge de fer dans son throne doré.
O quiconque tu sois dans le creux du Tartare
Qui premier enseignas d'vn naturel auare,
Forçant nos libertez par de mauuais desirs,
De vendre ou d'achepter les amoureux plaisirs
S'il plâit aux iustes Dieux de me vouloir entendre,
Soit maudite à iamais ta malheureuse cendre.
Le ciel pour te punir fasse qu'à tout moment,
Tout le monde ayt horreur de voir ton monument.
Puissent tomber sur toy la foudre, & le tonnerre,
Que tous les elemens luy declarent la guerre ;
Et que ton maudit corps dechiré par l'ambeaux
Ayt pour second cercueil le ventre des corbeaux.

Sans doute il falloit bien que ton ame aueuglee
Fut en ses mouuemens & l'âche & dereglee,
Lors que sans respecter Amour ny sa grandeur
Elle en voulut ternir la diuine splendeur.
Ie croy qu'en tous les lieux ou la terre feconde
Produit tant d'animaux, dont est remply le mon-
   de,
Ny dans les vastes champs, qui se sont departis
A l'Empire flottant ou preside Thetis;
L'on ne sçauroit trouuer vn dragon si funeste,
Quand au lieu de venin il vomiroit la peste,
Qui ne fut moins à craindre, & moins nuisible
   encor
Qu'vn amour gouuerné par la force de l'or.
Que maudite à iamais puisse estre la memoire
De celuy qui l'osta de sa premiere gloire,
Que l'Enfer, que di-je, que luy fera l'Enfer
Si Pluton est le Dieu qui le fait triompher,
Mais ie me plains à tort de ma triste auenture,
Les animaux craintifs obligez à Nature,
Qui de les conseruer voulut prendre le soin
Sçauent si bien vser de leur force au besoin,
Le Cerf pour se deffendre est doüé de vitesse,
Le Sanglier de deffence, & le Tygre d'adresse,
L'inuincible Lion est armé de fureur,
L'ours d'animosité, la couleuure d'horreur,

Le Crocodile affreux de ses trompeuses larmes,
L'Elephant de sa trompe, & la femme de charmes,
Sus donc il me vaut mieux dans mon accez brûlant
Récourir aux rigueurs d'vn secours violent;
Et sans plus m'arrester aux paroles plaintiues,
Vser subtilement de ses prerogatiues;
Car si Nature a fait mon bras propre à rauir,
Ie croirois auoir tort de ne m'en point seruir.
L'on vient de m'asseurer que ma Nymphe inhumai-
    ne,
Doit bien tost se venir l'auer à la fontaine,
Ou l'amoureux zephir verra ses membres nuds
Faire de leur blancheur rougir ceux de Venus.
Là ie suis resolu caché sous vne roche
D'attendre accortement que la cruelle approche,
Et de l'aller rauir iusqu'au profond de l'eau,
D'euss'ay-ie dans l'eau méme elire mon tombeau?
Elle aura beau crier, elle aura beau se plaindre,
Pleurer pour m'emouuoir, se debattre, & se feindre,
Si le Ciel équitable en secondant mes vœux
Permet à cette main de tenir ses cheueux,
Ie ne demordray point malgré sa resistence,
Sans en auoir receu l'entiere ioüissance.

SCENE II.

TYRSIS, DAPHNE'

DAPHNE'.

DE-ja plus d'vne fois de ses rayons do-
rez,
Le bel Astre du iour à les champs esclai-
rez,
De puis que i'ay connu qu'en son triste visage,
Amynte de l'Amour auoit peinte l'image.
Et pour le soulager ie l'ay long temps seruy
Aupres de la beauté dont son cœur est rauy
Mais l'on demoliroit les montagnes de Thrace
Plutost que d'emouuoir ce courage de glace,
Cette Nymphe cruelle à d'estranges appas,
Elle blesse les cœurs & ne les guerit pas.

TYRSIS,

Les filles ont ce don de connoistre l'vsage
Des plus aymables traits qui soient en leur visage.

Et ſçauent diſerner, par ie ne ſçay quel ſort,
Ce qui peut alleger, ou qui donne la mort.

DAPHNE'

Tu connois bien Amour & ſes Metamorphoſes.

TYRSIS.

Ne t'en étonne point ie ſçay bien d'autres choſes.

DAPHNE'

De qui tiens tu cet art admirable & diuin?
N'eſt-ce pas d'vn Genie, ou de quelque Deuin?

TYRSIS.

Celuy dont ie le ſçay ſi tu le veux connétre,
Pour te deſabuſer eſt cet excellent Maiſtre,
Qui montre aſſeurement à voler aux oyſeaux,
Aux poiſſons à nager dans le profond des eaux,
Aux Taureaux à mugir, aux Bergers leurs cou-
ſtumes,
Au Paon d'eſtre orgueilleux à l'aſpect de ſes plumes,
Et qui par des effets viſibles & diuers
Se rend maiſtre abſolu de tout cet Vniuers.

DAP.

DAPHNE'

Comment le nommes tu.

TYRSIS.

Si mon sens ne m'abuse.

DAPHNE'

Depesche promptement & laisse à part l'excuse.

TYRSIS.

Il ne m'en souuient plus, Attens i'ay deuiné.
Si ie ne suis trompé l'on l'appelle Daphné.

DAPHNE'

Tyrsis raille tousiours, & ce n'est pas merueille
Mais quittant ce discours pour me prester l'oreille,
Iuge vn peu de Syluie & de son bel esprit
Par vn trait merueilleux dont elle me surprit.
Assez prez des rempars de nostre grande ville,
Au milieu des estangs est vne petite Isle,
Que l'on doit preferer aux plus aymables lieux
Et dont Nature à fait les delices des Geux.

Là ie la rencontray dans sa morne pensée,
L'œil fixe sur les eaux, & la teste baissée,
Qui sembloit admirer les diuines beautez
Dont elle tient les cœurs de merueille enchantez,
Elle cueilloit des lys, des narcisses, des roses,
Qu'vne fraiche rosée auoit à peine écloses,
Et les portant d'abord par vn subtil dessein
Iusque sur la blancheur des neiges de son sein,
Sembloit rire de voir qu'à ce iour la nature
L'auoit bien coloré de plus viue painture,
Et qu'elle surmontoit d'vn esclat nompareil
Auantageusement ces filles du Soleil.
Puis apres les quittant elle contemploit l'onde,
Zephir faisoit voler sa cheueleure blonde,
Mille petits Amours s'egayoient sur ses yeux
Et les luy faisoient voir dans ces humides lieux,
Le Soleil la voyant dessus ces riues sombres,
Au lieu de sa clarté c'estoit reuestu d'ombres.
Les arbres n'osoient pas se mouuoir seulement
De crainte de troubler ce paisible element.
Les Graces assistoient à ce sacré mistere,
Et les Nymphes des eaux en ce lieu solitaire;
Faisoient de leur seiour, par vn destin fatal,
Pour la considerer vn tableau de cristal.
Enfin tout l'obligeoit de connestre vn visage,
Qui tenoit sous ses loix tant de cœurs en seruage,
Mais elle contemploit seulement la beauté,

Dont l'accomplit le Ciel en sa natiuité.

I'arriue en mesme temps sans qu'elle y prenne garde,

I'admire son dessein, ie ry, ie la regarde,

Et m'eclatte assez haut, mais me voyant venir

Elle iette les fleurs que ie luy voy tenir,

Se leue, me reçoit, quoy que pleine de honte,

Et puis pour m'abuser me debite ce conte.

Daphné que ie me plais d'admirer les ruisseaux

Qui vont dans cet estang porter leurs claires eaux.

I'admire ce bois verd, le silence y respire,

Et l'on s'y peut cacher à l'abry du Satyre.

Icy Diane peut auec la chasteté

Choisir pour se baigner vn lieu de seureté.

Mais en m'entretenant ie remarquois qu'à peine

Elle tiroit les yeux de dessus la fontaine,

Pour y voir ses cheueux sur son espaule épars,

Qui par de gros boüillons flottoient de toutes parts.

Comme si lors son cœur en prenant leur deffence,

Eut dit, ils sont tres bien en cette negligence

Je fis de l'ignorante, & ne temoignay pas

De sçauoir que c'estoit l'effet de ses appas.

Mais ie vys bien deslors qu'elle sçauoit les charmes

Dont vn Dieu la pourueut pour ses diuines armes,

Et qu'elle auoit l'esprit extrememement parfait.

TYRSIS.

Vn tel recit Daphné m'a rendu satisfait
Mais ne feras tu pas qu' Amynte ayt l'auantage
De luy dire son mal par vn muet langage,
Ou qu'il ayt le bonheur de parler vn moment
Pour luy faire sçauoir comme il est son Amant.

DAPHNE'

Ie ne sçay, car Syluie à l'ame dedaigneuse.

TYRSIS.

Et cét infortuné la trop respectueuse.

DAPANE'.

S'il est de cét humeur son sort trop rigoureux
Sans doute le rendra pour iamais malheureux.

TYRSIS.

Les Dieux seconderont ce Berger equitable,
Et si nous le voyons auiourd'huy miserable,
Pourueu que ton esprit le veille secourir.
Il est tres asseuré qu'il n'en sçauroit mourir.

Ie te coniure donc par l'eclatante gloire
Qui dans tes ieunes ans te donna la victoire
Sur les plus nobles cœurs de l'Empire amoureux,
De le fauoriser, & de le rendre heureux.

DAPHNE'

Seconde mon dessein ie luy rendray seruice.

TYRSIS.

Pour alleger ses maux qu'est-il que ie ne fisse.

DAPHNE'

Et bien écoute donc comme infalliblement
S'il veut il peut finir son rigoureux tourment.
Tantost Syluie & moy deuons par cette plaine
Dans les eaux de cristal d'vne claire fontaine
L'auer nos membres nuds, & partant si tu veux
Saisi l'occasion qui t'offre ses cheueux.

TYRSIS.

Que nous sert cet auis.

DAPHNE.

Il te semble friuole.
A de bons entendeurs suffit vne parole.

TYRSIS.

Maintenant ie comprens & connois ton deſſein,
Sans doute vn Dieu ſecret l'inſpire dans ton ſein
Mais ie crains qu'à ce coup il manque de courage.

DAPHNE'

Qu'il en aille chercher ie ne puis dauantage.

TYRSIS.

Sans mentir ſon malheur eſt bien à deplorer,
Puis que l'on ne veut pas l'entendre ſoupirer,

DAPHNE'

Parlons de toy Tyrſis n'es-tu point dans les geſ-
　　nes,
De l'amoureux Amynte, & dans ces mémes peines.

TYRSIS.

Lors que tu m'y verras les Cerfs paitront en l'air,
Les poiſſons periront faute d'eau dans la mer,
La Saone du milieu des Prouinces Celtiques
Jra porter ſes eaux dedans les Champs Perſiques.

Le Tygre obeiſſant à de ſeueres loix
Viendra pour abreuuer les riuages Gaulois.
Et tous les Elemens d'vne égale harmonie
Sans ſe perſecuter viuront de compagnie.
Enfin tout perira deuant que de ce cœur
Amour pour me punir ſe declare vainqueur,
Mais laiſſons ce propos & va querir Syluie,
Puis qu'elle ſeulement peut conſeruer la vie
Du plus ſage Berger que l'on ayt iamais veu.

DAPHNE'.

Amene le du moins, d'aſſeurance pourueu.

SCENE III.

MONTAN, NERINE

MONTAN.

Nerine le penſois que mon vnique
    fille,
    Seroit enfin l'appuy de toute ma fa-
    mille;
Et que ſes petits fils vn iour dans ſa maiſon
Chaſſeroient les rigueurs de ma vieille ſaiſon
Mais ie reconnois bien qu'auparauant la Parque
Pouſſera mon eſprit dans la fatale barque;
Car les Dieux qui ſont ſourds à mes vœux innocens
Ont tous à contre-cœur l'odeur de mes encens.

NERINE.

Dequoy vous plaignez, les Dieux qui dans ces
    plaines
Font voir de leurs threſors touſiours vos granges
    pleines;

                                             Vous

Vous temoignent assez auec quelle bonté
Ils épandent sur vous leur liberalité.
Deux cens coutres tranchans pour vous fendent la
    terre,
Iamais parmy vos boys ne tomba le tonnerre,
Vous voyez chaque iour au dessus des coupeaux
De nos mons sourcilleux fourmiller les troupeaux,
Vous auez des moulins, vous auez des riuieres,
Des vignes, des maisons, des Bourgades entieres,
Des seruiteurs sous vous, & si dans ce bon-heur
Vous dittes que les Dieux ont pour vous de l'hor-
    reur,
Parce que vous voyez que l'humeur de Syluie
S'adonne aux passe-temps d'vne innocente vie,
Comme qui ne sçauroit que par vn grand effet,
Les Dieux en fin rendant nostre bon-heur parfait,
Nous verrons soupirer cette ame dedaigneuse
Sous les cruels tourmens de la flame amoureuse.

MONTAN.

Que ie serois heureux s'il arriuoit ainsi
Et que tu verrois bien dissiper mon soucy!
Mais n'as-tu pas appris qu'elle estime prophane
Tout autre passe-temps que celuy de Diane.
Qu'elle adore ses dards, qu'elle ayme les guerets,
Et que son seul seiour n'est que dans les forests.

E

Si bien que c'est en vain que nous croyons, Nerine,
Qu'Amour subiuguera cette dure poitrine.

NERINE.

Le temps qui peut dompter les Barbares Lions
Pourra pareillement calmer ses passions.

MONTAN.

Toucher les passions de ce cœur insensible,
C'est pour ce destructeur vne chose impossible.

NERINE.

Nos ayeuls ont bien veu de plus grands change-
mens.

MONTAN.

C'est le sort qui preside à tels euenemens.

NERINE.

Mais prenons que Syluie en son obeissance
Voulut vous contenter trompant vostre esperance?
Qui de tous nos Bergers pour legitime Epoux
Luy voudriez vous donner qui fut digne de vous.

MONTAN

Quoy ? tu ne sçays donc pas qu' Amynte est misera-
ble,
Puis qu' Amour la blessé d'vne playe incurable,
Et que ce pauure Amant du ruisseau de ses pleurs
Pour emouuoir ma fille à fait naistre des fleurs,

NERINE.

Dés long-temps ie sçauois combien cette inhumai-
ne,
Causoit à son esprit d'amertume & de peine,
Et vous me rauissez de montrer auiourd'huy
Tous les bons mouuemens que vous auez pour luy.

MONTAN.

C'est en vain toutefois? ô cruelle lumiere
Qui l'anças les clartez de mon heure premiere,
Que ne m'echauffas-tu par vn funeste accueil
Et que de mon berceau n'en fis-tu mon sercueil.
Et vous de qui les eaux d'vne douce saillie
Quittent par ces conduits les plaines d'Italie,
Que vous eustes grand tort de me donner des iours
Pour ne me donner pas au besoin du secours.

Pau fleuue imperieux, Si vous estes mon Pere
Que ne me rendez vous la fortune prospere;
Et que ne faites vous obeir à ma loy
Celle qui vient de vous aussi bien que de moy.

NERINE.

Flechissons les genoux, ce Dieu qui sort de l'onde
Rendra nostre destin le plus heureux du monde.

SCENE IV.

L'ERIDAN. (Sortant de l'onde.)

IE me suis transporté couronné de ro-
seaux,
De mon antre sacré sur le bord de mes
eaux,
Pour t'apprendre mon fils ce que les destinées
Ordonnent sur la fin de tes vieilles années.
I'ay leu dans leur decret, ouï ay veu que les Dieux
Chasseront ta douleur d'vn coup mysterieux;
Et qu'enfin tu verras finir cette auenture

Par l'effet le plus grand de toute la Nature,
Puis que ce méme effet par vn étrange effort
Ioindra les feux d'amour aux glaces de la mort.
Voila ce que i'ay leu dans ce sacré volume
Cherchant le sort des miens comme i'ay de coustu-
me

SCENE V.

MONTAN, NERINE

MONTAN.

O Dieux il disparoit, & l'Oracle qu'il
rend,
Au lieu de m'alleger, m'estonne & me
surprend.
Du bon-heur qu'il promet estrange est l'influance
Si de la seule mort il doit prendre naissance.

NERINE.

Puis qu'il vous à parlé ce n'est pas sans suiet.

MONTAN.

Pour moy i'ay dans l'esprit son discours pour obiet.

NERINE.

A peine pourrez vous conceuoir ce mystere
Laissez faire au destin, Montan laissez luy fai-
    re ,
Et parmy vos regrets ne vous figurez pas,
Que pour guerir Amynte il faille le trepas.

MONTAN.

Nymphe ie te croiray; mais raconte à ton frere
Combien de sa douleur Montan se desespere,

NERINE.

Mon frere sçait tres-bien de quel bon mouuement
Vous trauaillez toufiours à son contentement.
Et nous sommes certains que les Dieux fauora-
    bles
Enfin écouteront les cris des miserables.

MONTAN

Ie le veux croire ainſi, car mon Pere en effet
Par ſon Oracle ſaint m'a rendu ſatisfait.

ACTE III.

SATYRE, AMYNTE, SYLVIE, TYRSIS, DAPHNE'

CENE PREMIERE.

AMYNTE (seul)

E ne sçay si Tyrsis a tenu sa promesse
En me faisant reuoir les yeux de ma
Deesse.
 Ou si mon mal reduit jusqu'à l'extremité
Ie dois par mon trepas chercher ma liberté.
Heureux que ie seray, si m'ouurant la poitrine
Syluie y voit les traits de sa face diuine;
Car il est tres certain qu'à moins que de guerir
Par vn etrange sort l'on me verra mourir.

SCENE

SCENE II

TYRSIS, AMYNTE

TYRSIS.

My ie te furprens écoute vne nouuelle
La plus douce qui foit pour vne ame
fidelle.

AMYNTE

Depéche toy Tyrfis dis moy quel eft mon fort,
Viens tu pour m'apporter ou la vie ou la mort!

TYRSIS.

Ie porte le falut que le deftin te montre,
Si tu veux feulement aller à la rencontre,
Et que par vn effet du tout miraculeux
Tu veuilles te porter en homme courageux.

G.

Si ta Maitresse estoit dans vne forest sombre,
Dont le Soleil iamais ne pût dissiper l'ombre,
Et que des monts chenus rangez de toutes parts,
Pour deffendre l'abbord en fussent les rempars,
En qui l'on remarquât dans de profonds repaires
Les cauernes des Ours, & des Loups sanguinaires,
Pour rauir son beau corps à leur barbare faim,
Jrois tu promptement luy presenter la main.

AMYNTE.

Tout ainsi que le Cerf court à force d'halaine
Pour étancher sa soif dedans vne fontaine,
De méme l'on verroit son Amynte courir
Si le Ciel permettoit qu'il la pût secourir.

TYRSIS.

Si faut il toute fois beaucoup plus de courage,
Que si cette forest la retenoit pour gage.

AMYNTE.

J'jray par le milieu des rapides torrens,
Qui des plus hauts rochers par les plaines errans,
Encor que dans la mer leurs eaux se soient rendües
Uont tousiours s'accroissant par les neiges fondües,

I'jray forcer Caron jusques dedans son port,
Méme i'arracheray les armes de la mort,
Puis repassant le Stix dans la fatale barque
Ie traineray captifs & Cerbere, & la Parque.
Enfin pour estre vn iour agreable à ses yeux
Ie me feray ça bas considerer des Dieux.

TYRSIS.

Ecoute.

AMYNTE.

Ie le veux contente mes oreilles,
Et ne me cele plus de si douces merueilles.

TIRSIS.

Confesse qu'il est vray que ton destin est beau.

AMYNTE.

Tyrsis que me dis tu.

TYRSIS.

Dans le prochain ruisseau
Tu peux voir a ce coup sur le corps de Syluie
Le Chef d'œuure parfait qui ton ame a rauie,

Et contempler en elle vn portrait animé
De l'obiet le plus beau, que Nature ayt formé.

AMYNTE.

Qu'eft-ce que tu me dis? Quoy? la verray-ie nuë.

TYRSIS.

Ne croy pas qu'elle attende en ce lieu ta venuë.

AMYNTE.

Dure conclufion. Ah de quel deplaifir
Ton difcours importun vient mon ame faifir.

TYRSIS.

Ne nomme point icy ma nouuelle importune,
Ie te veux procurer vne bonne fortune,
Si tu fuis les aduis que ie te donneray.

AMYNTE.

Confeille feulement ie te feconderay.

TYRSIS.

C'eft que fi tu me croys vfant de l'auantage
Tu franchiras le ioug d'vn fi rude feruage.

AMYNTE.

Iamais ie ne fis rien qui luy fut ennuyeux,
Et le feul nom d'Amant me rendit odieux ;
Auffi veux ie mourir pluftoft que de rien faire
Dans mon aueuglement qui luy puiffe deplaire,
Ie fçay trop le refpect que fon œil mon vainqueur
Malgré ton vain confeil exige de mon coeur.

TYRSIS.

Peut-eftre que Syluie à ce iour repentie

Pour finir ton malheur à fait cette partie;
Et que voulant choisir quelque lieu destiné
Elle n'a point manqué d'en auertir Daphné.

AMYNTE.

Mais qui peut m'asseurer de ce bon-heur extreme.

TYRSIS.

Celuy qui te connoit, le seul Berger qui t'ayme

AMYNTE.

Pour moy ie ne croy pas qu'elle ayt assez d'amour,
Pour vouloir que mon mal se termine à ce iour.

TYRSIS.

Estimes tu qu'à moins de sçauoir son enuie,
Daphné m'eut declaré le secret de Syluie,
Et qu'elle m'eut voulu donner l'occasion
De guerir ton esprit de cette passion;
N'eust-esté qu'elle sçait que cette ame inconstante
Ne cesse de bruler d'vne amour violente,
Marche donc sur mes pas, & ne differe plus
Ce bon-heur nompareil en discours superflus.

AMINTE.

Puis que tu me promets des bontez infinies
Et que ie pourray voir mes disgraces bannies,
Je mets entre tes mains & mon sort, & mes iours,
Car ie vay pour mourir, ou pour viure tousiours.

SCENE III.

SATYRE. (seul)

AH que ie suis rauy! le sort inestimable,
Qui paroit à mes feux auiourd'huy fa-
uorable,
Me fait bien éprouuer que ie suis plus
heureux
Que ne le fut iamais vn Syluain amoureux.
Incomparable iour ta lumiere éclattante
En rendant de tout point ma volonté contente
Forcera ma raison par vn coup nompareil
A frequenter tousiours, les Temples du Soleil.
Non ie ne connoitray de supreme puissance
Que lors que l'Orient marquera sa naissance;
Car il merite bien, cet Astre glorieux,
Pour vn si grand bon-heur d'estre le Roy des Dieux;
Puis qu'en me redonnant ma premiere franchise
Il daigne m'éclairer en ma noble entreprise,
Et que par luy ie vay iouir d'vne beauté,
Qui participe aux rays de sa douce clarté.

O toy Dieu des Bergers, soit que dans l'Emonie
Des troupeaux infinis suiuent ton harmonie,
Ou que pres d'Ilion Scamandre sur ses eaux
Ecoute les accens de tes sept chalumeaux,
Pardonne à mon peche si i'offre vn sacrifice
A la diuinité qui me semble propice?
Et si suiuant Phebus en m'éloignant de toy,
Ie ne veux plus que luy de seigneur ny de Roy.
Accuse cet enfant, dont la flame diuine
Alluma ce brasier au creux de ma poitrine,
D'autant que sans ses coups vn Satyre iamais
N'eut eloigné ses vœux de tes sacrez Palais.
Pense que s'il te fit par de sanglantes peines
Courir en furieux & les monts & les plaines,
A lors que tout brûlant d'vn chaloureux brandon
Tu poursuiuis Syringue aux riues de Ladon
Il peut facilement d'vne subtile amorce
Se glisser dans ce sein qui n'a pas tant de force.
Mais ie n'apperçoy pas que voicy le moment
Ou ie dois terminer mon rigoureux tourment,
Et que l'on me peut voir pendant que ie m'amuse
A former au Dieu Pan vne deuote excuse:
C'est pourquoy ie m'en vay me tenir en repos
Ce buisson que ie voy se presente à propos.
Icy ie veux cacher le dessein qui m'ameine,
Iusqu'à ce que Syluie estant a la fontaine,

Ie puisse recueillir l'agreable plaisir,
Que ie me suis promis en la venant saisir.

SCENE IV.

SYLVIE. (seule)

Orests, arbres sacrez, deuotes solitudes,
Qui charmez les soucis & les inquietu-
    des,
Et sur qui les pechez n'ont iamais irrité
Les foudres eternels de la Diuinité!
Ce n'est pas sans suiet qu'en vous iadis Diane
Refusant d'habiter la retraite profane,
De ceux de qui le cœur ayme la trahison,
Ietta les fondemens de sa sainte maison;
Car l'on goûte par vous les plaisirs que l'enuie
Rauit dans les Citez aux douceurs de la vie;
Et vous distribuez ce que n'eurent iamais
Ceux que la volupté retient dans les Palais;
Vous estes la demeure ou regne l'asseurance,
Ou la tranquillité se ioint à l'innocence,

Ou

Ou n'abbordent iamais de l'âches ennemis,
Ou l'on ne reconnoit que les lois de Themis :
Enfin vous possedez de si rares merueilles
Que vous charmez d'abord les yeux & les oreil-
    les,
Me faisant auoüer qu'pres vous il n'est rien
Qui se puisse vanter d'estre vn souuerain bien,
Amour c'est donc icy qu'en dedit de tes flames
Ie gouteray les fruits des plus pudiques ames,
Et que ie garderay iusqu'à l'eternité
La glorieuse fleur de ma pudicité.
Ces rameaux seruiront d'appuy contre les bréches
Que me pourroient causer ces venimeuses fleches.
Et ce ruisseau sacré pourra par sa froideur
Me seruir de rempart à ta l'asciue ardeur,
Si bien que c'est en vain qu'Amynte à du merite,
Et que sa passion pour toy me sollicite,
Si tu ne m'as iamais par ta force charmé
Tu pourras maintenant te trouuer desarmé,
Bien qu'autrefois tu fis par vne telle guerre
Courber comme ton art les deux bouts de la terre,
Car comme quelque fois nous voyons sur les eaux
Le Pilote écoutant au tour de ses vaisseaux,
Les chants harmonieux des trompeuses Syrenes,
S'eloigner de leurs bords sur les humides plaines,
Sans permettre à leurs voix qui le veulent charmer
D'enseuelir son corps au milieu de la mer ;

              H

Ainſi tu me verras monter ſur vne roche,
Pluſtoſt que de ſouffrir ſon importune approche,
Et de m'abandonner aux traits contagieux
Trempez dans le poiſon que tu mets en ſes yeux.

SCENE V.

SYLVIE, DAPHNE'
DAPHNE'

Iyluie à ce qu'on voit n'eſt pas trop pareſ-
ſe.

SYLVIE.

Que le Ciel nous produit vne iournée heureuſe,
Cette eau comme tu voys tres fauorable au bain
Paroiſt ſi belle aux yeux, & ſi fraiſche à la main,
Qu'on ne ſçauroit douter que ce ne ſoit la place
Ou Diane ſe baigne au retour de la chaſſe,
Si tu m'en crois Daphné, quitte ton veſtement,

Et te mets au millieu d'vn si clair element,
Ie te suiuray depres.

DAPHNE'.

Un sinistre presage
Qui me glace le cœur, & m'abbat le courage,
Me fait craindre pour toy qu'vne embuche des
Dieux,
Ne te vienne rauir de ses aymables lieux.

SYLVIE.

Ie reconnois Daphné que ta bouche importune
Me veut parler d'Amynte, & de son infortune.
Mais si tu me cheris rompons sur ce propos,
Qui ne fait que m'aigrir & trouble mon repos.

DAPHNE'.

Les iustes Dieux qui sont nos iuges equitables
Guerissent à la fin les hommes miserables.
Mais i'ay peur de sçauoir que ton œil abusé,
N'ayt de ses beaux regards quelqu'vn fauorisé.

SYLVIE.

Tu ne te peux tenir, & son nom sur ta langue
Sert tousiours de suiet à former ta harangue.

H ij

Si c'eſt doncques la peur qui te trauaille ainſi
Chaſſe de ton eſprit cet ennuyeux ſoucy,
Sans craindre que iamais ny luy ny tous les hom-
    mes,
Qui viuent dans l'enclos de la terre ou nous ſom-
    mes,
Se vantent qnelque iour en ſe mocquant de moy,
Qu'ils m'ont ſceu captiuer ſous l'amoureuſe loy.

DAPHNE'.

Ah que ce n'eſt pas le conſeil qu'il faut ſuiure,
Reſpirer ſans aymer ce n'eſt pas ſçauoir viure.

SYLVIE.

Et ſe forcer au point que de viure en aymant,
C'eſt trouuer le trepas preſqu'à chaque moment.

DAPHNE'.

Si l'Amour te pouuoit ranger ſous ſon ſeruage,
Tu quetterois bien toſt ce ſuperbe langage.

SYLVIE.

Lors que cela ſera l'on verra les hyuers
Nous produire des fleurs, & des ramages verds.

DAPHNE'.

Ie croy que tu fucças le lait d'vne tygreße.

SYLVIE.

Tu m'as aßez parlé d'Amant & de Maiftreße;
Mettons nos veftemens deßus cét arbrißeau,
Depéchons il eft temps que nous entrions dans l'eau,

DAPHNE'. (Elle ofte fa premiere iuppe.)

Donne ie t'ayderay, car ie te voys en peine.

SCENE VI.

SATYRE, DAPHNE, SYLVIE,

(Il court contre elle, & la
prend par les cheueux.)   **SATYRE.**

Race aux Dieux tout va bien, ma fourbe
     n'est pas vaine,
Nymphes ie vous surprens vous serez mon
     butin;

SYLVIE.

O iour mal-encontreux: ô mal-heureux destin:

SATYRE.

C'est en vain que l'on veut resister de la sorte,
Vous perdez vostre temps; car vous n'estes pas forte.

DAPHNE'.

Comme la traites-tu? Que fais-tu Bouc hideux.

SATYRE.

Retire toy d'icy visage langoureux.

DAPHNE'.

Ah ie n'en feray rien.

SYLVIE.

Engence de vipere,
Vilain monstre cruel, horrible, sanguinaire
Quel Demon insensé pousse ta cruauté
A vouloir attenter à ma pudicité.

SATYRE.

En vain tu contredis, i'auray la iouïssance,
Que le Ciel vient promettre à ma perseuerance.
Et ie t'auray bien tost reduite à la raison
Empoignant tes cheueux qui seront ta prison.

DAPHNE'.

Au secours au secours, Amynte miserable,
Tyrsis, Ergaste, Elpin.

SCENE VII.

SATYRE, TYRSIS, AMYNTE,

AMYNTE.

Vne voix l'amentable
Retentit dans les boys, cher Tyrsis, l'entens-tu.

TYRSIS.

Je fay plus i'apperçois qu'on choque la vertu.
Vn Satyre puant d'vne brutale enuie,
Veut derobber l'honneur de la belle Syluie.
Accourons promptement punir cet effronté.

AMYNTE.

Plustost que le souffrir ie perdray la clarté.
Toy que sur l'Acheron, l'effroyable Cerbere ;
Vomit en sa Fureur dans le flanc de Megere ;
Bouquin plein de laideur, & de defformité,
Qui te fait profaner cette Diuinité

lant de
ng au
y.

frap.

Ce

Ce dard te montrera te parçant sur la place
Que mon bras sçait punir vne orgueilleuse audace.

SATYRE.

Helas cruels destins , ce lâche m'a blessé.
Fuyons vn Second coup ; car il est insensé.

SCENE VIII

AMYNTE. SYLVIE.

AMYNTE. *en la deliant*

Vous ne meritez pas , Deesse de mon
ame ,
De tomber dans les mains de ce voleur
infame.
Aussy les iustes Dieux pour punir sa rigueur
Ont animé mon bras de force, & de vigueur:
Mais pardonnez beau corps, qu'en mon ame i'adore,
Plus que ne fait l'oyseau le leuer de l'Aurore ,
Si pour vous deliurer de vos lacs inhumains,

I.

Ie porte deſſus vous mes ſacrileges mains ;
Ceſt la neceſſité qui m'oblige à le faire
Et non pas le dſſein que i'ay de vous deplaire.
Ah ! que ce tronc fatal étreint de ces cheueux
Doit receuoir d'Amour, d'offrandes, & de voeux ;
Ie croy qu'à l'auenir pour de ſi grands miracles
En faueur des Amans il rendra des Oracles.
Et qu'àpres cet honneur qu'il recoit auiourd'huy
Les peuples inconnus s'entretiendront de luy.
En fin vos bras n'ont plus d'empechement funeſte,
Ie m'en vay proptement delier ce qui reſte.
Daphné ſe pouuoit il qu'vn ſi lache attentat
Par vn Monſtre cruel la mit en tel eſtat.

SYLVIE.

Retire toy d'icy, retire toy prophane
Et ne m'approche plus, car ie ſuis à Diane
Ceſſe de me toucher, mes deux bras deliez,
Auront bien le pouuoir de deliurer me pieds.

(Elle s'en fuit.) **TYRSIS.**

Daphné nous la perdons, ſuiuons cette inhumaine.

SCENE IX.

AMYNTE. seul.

A V lieu de me tirer d'vne mortelle peïne,
Helas ie sçauois bien que les Cieux irritez,
Ne consentiroient pas à mes prosperitez,
Et que c'estoit en vain qu'vne foible esperance
A mon malheur fatal promettoit allegence.
Tyrsis, Daphné, Nerine, ambitieux plasirs
Vous auiez bien flatté mes aueugles desirs,
Sans preuoir sagement que pour vn tel seruice
Elle m'ordonneroit vn rigoureux supplice,
Et qu'elle permettroit encor à sa raison
De sentir les effets de son premier poison.
Mais quoy! c'est son humeur, il faut que ie l'endure,
Il faut que mon amour supplee à cette iniure
Et puis que malgré moy ie luy suis odieux,
Ie dois en me perdant m'eloigner de ses yeux.

I ij

ACTE IV

AMYNTE, DAPHNE', NERINE, TYRSIS, ERGASTE.

CENE PREMIERE.

DAPHNE', AMYNTE,

AMYNTE.

Aphné tu me trahis quand trop of-
ficieufe
Tu m'arrachas le dard d'vne main en-
uieufe,
J'aurois trouué fans toy les plaifirs que la mort
Donne aux pauures Amans affligez de leur fort;
Auffibien ce delay n'empefche pas ma perte,
Et fans luy dans l'oubly d'vne peine foufferte

Par les champs bien-heureux prez du fleuue Lethé,
Ie viurois sans ennuy dans la tranquillité.

DAPHNE'.

Ne desespere point.

AMYNTE.

La douleur me surmonte.

DAPHNE'.

Ce n'est pas le dedain, mais bien plustost la honte
Qui nous la derobba; ie connois son humeur.

AMYNTE.

Pour empécher ma fin tu flattes mon mal heur.
Sans toy mon desespoir eut seruy de remede
Au mal contagieux qui mon ame possede,
Ie serois mort content de voir que son bel œil
M'eut montré le chemin qui conduit au cercueil
Au lieu que maintenant mon esperance eteinte,
En l'estat ou ie suis me reduit à la plainte?
Et que l'iniuste sort qui m'est si rigoureux
Me deffend le trepas, & me rend mal-heureux
Mais l'on ne peut trouuer rien de si deplorable
Que lors qu'on force à viure vn esprit miserable.

Pour me deliurer donc d'vn funeste soucy
Ie renonce à la vie & veux mourir icy.

DAPHNE.

Si ton affliction te fait naistre l'enuie
De priuer nos forests d'vne si belle vie,
Et si pour ton regard comblé de deplaisir
De nous la conseruer tu n'as plus de desir.
Souuiens toy pour le moins que par vn coup étrange,
De moment en moment la fortune se change,
Et que par ce moyen son instabilité
La pourra depoüiller de tant de cruauté.
Qu'elle peut en voiant ta peine terminée,
Te donner les thresors qu'vne seule iournée
Ta montré dans le sein, dont tu fus si charmé;
Et qu'enfin tu verras son couroux desarmé.
Si bien que si tu crois mon conseil salutaire,
Ton soin n'aura pour but que l'honneur de luy plaire.

AMYNTE.

Amour & la fortune ont iuré mon trespas,
Ils sont iustes tous deux & ne changeront pas.

SCENE II.

NERINE, DAPHNE', AMYNTE,

NERINE. (*Tenant le voile sanglant de Syluie.*)

Elas! helas! faut-il que ma bouche reuele
Les accidens cruels d'vne triste nouuelle.
Et que i'aille nommer, comme vn sinistre
oyseau;
Celle que les destins refusent au tombeau.
Miserable Montan, qui fus autrefois pere
Pleure, sage vieillard, ta prochaine misere,
Puis qu'vn coup impreueu de nos Dieux incon-
stans
A detruit ta maison sur la fin de tes ans.

DAPHNE'

I'entens certaine voix qui plaintiue lamente.

AMYNTE.

Elle nomme Montan pere de mon Amante.

DAPHNE'.

C'est Nerine ta sœur.

NERINE.

Disons le toutefois,
Afin qu'en la cherchant dans le profond des boys,
Par le soin assidu de cent troupes rustiques,
Ils en puissent trouuer les funestes reliques.
Ah! Syluie Ah! Montan Amynte infortuné?
Vous qui l'accompagnez deplorable Daphné.

DAPHNE'.

Nerine que dis tu? Tes cris tu renouuelles
Quand tu parles d'Amynte, & lors que tu l'appel-
les.

NERINE.

Qu'auec iuste raison vn coup iniurieux
Fait tomber de douleur les larmes de mes yeux.

AMYNTE

AMYNTE.

Touché de quelqu' horreur mon estomach pantele,
Et mon sang rafroidy dans mes veines se gele.

DAPHNE'.

De grace conte nous cet accident fatal.

NERINE.

Pourray-je declarer ce detestable mal.
Il me faut toutefois en raconter l'histoire,
Puis-que l'euenement est frais à ma memoire,
Et que mes propres yeux en furent les tesmoins.

AMYNTE.

Conte le promptement pour nous affliger moins.

NERINE'

Syluie apres auoir par vous à la fontaine,
Ou le Satyre vid son entreprise vaine,
Euité les dangers qui choquoient son honneur,
Vint soudain me trouuer à son tres-grand mal-
heur;

K

Et me sollicita de quitter la houlette,
Pour m'aller diuertir aux forests d'Elicette,
Ou les Nymphes estoient à la chasse ce iour.
L'ayant enfin suiuie & fait le premier tour,
De dessous vn buisson sortit à l'auenture
Vn Loup audacieux & grand outre mesure ;
Syluie en le voyant prend son dard à la main,
Puis courant pour frapper l'animal inhumain,
Luy porte deux grands coups au milieu de la teste,
Desireuse d'auoir l'honneur de la conqueste ;
Lors sentant la douleur il hurle par trois fois,
Et se va rembuscher au plus sombre des boys.

AMYNTE.

La fin de ce discours me fait changer de face.

NERINE.

Elle des aussi tost le va suiure à la trace,
Moy ie luy cours apres tenant vn autre dard,
Mais à mon grand regret ce ne fut que trop tard,
Car elle disparoit à mes yeux reculée,
Comme vn oyseau qui prend de bien loin sa vo-
    lée,
Ie me resous pourtant de marcher sur ses pas,
Mais les taillis épais ne le permirent pas.

J'interromps mon chemin, & deux heures entieres
Ie tasche à retourner à ses traces dernieres,
Ie m'agite, ie vay, i'essaye auec la main
Fendant les abrisseaux de me faire vn chemin.
Et si pour tout cela non plus que de sortie.
Ie ne voy plus le lieu duquel ie suis partie.
Et me troublay si fort que perdant la raison,
Ie pensay que les Dieux m'auoient mis en prison,
Pour me faire seruir au pied de quelque souche
De repas à la faim d'vne beste farouche:
Mais enfin me portant à de noueaux efforts
Ie m'ouuris vn chemin & des bras, & du corps,
Et paruins à l'endroit, où la forest plus rare
Me fit considerer vn accident barbare.
Ie vis vn voile blanc que Syluie portoit,
Et son dard tout sanglant pres de ce voile estoit.
Si ce premier abord pour elle me fit craindre
I'eus bien plus de suiet de pleurer & de plaindre,
Quand sans illusion & sans aucune erreur,
I'apperceu tout aupres vn obiet plein d'horreur.
Car ie vis sept grands Loups, dont les gueules bean-
    tes,
L'echoient auidement des cartasses sanglantes;
Mon sort fut si heureux qu'acharnez sur le point
Que i'amassay le voile, ils ne me virent point,
Si bien que i'eus moyen d'euiter leur carnage,
Et de vous raporter ce present qui m'outrage.

(Elle presente le voile.) AMYNTE.

Nerine penses-tu de m'auoir si peu dit
Que mon cœur enflammé n'en demeure interdit.
Tu me donnes la mort me parlant de la sorte;
O sang, ô voile, ô dard, ma Syluie est donc morte.

NERINE.

Daphné court promptement iusqu'au prochain ruis-
    seau,
Rappellons ses esprits en luy iettant de l'eau.

DAPHNE'.

Ma main à ce besoin en peut faire l'office.

NERINE.

Les Dieux puissent payer ce signalé seruice.

DAPHNE'.

Que crains tu ce n'est rien : il pasme seulement.

NERINE.

Mon frere parle moy.

DAPHNE',

Son poux bat l'entement.

AMYNTE. (Seueillant)

Douleur que tardes-tu, que deliurant mon ame,
Tu ne coupes desia ma miserable trame.
Est-ce que tu voudrois que ce coup inhumain
Pour mieux me tourmenter fut celuy de ma main. En se le-
uant
Ie te veux contenter, aussi bien voicy l'heure,
Que le Ciel irrité commande que ie meure.
Et c'est bien la raison que ses seueres loix
En prononcent l'arrest pour la derniere fois.
Mais Syluie n'est plus, & les Loups pleins de rage,
N'ont pas mesme espargné son celeste visage.
Elle est morte destins, qui iamais l'eut pensé,
Des animaux cruels ont son corps terrassé,
Animaux affamez, qui venant des montagnes,
Assaillez les brebis dans ces vastes Campagnes,
Ne connutes vous pas que vous beuuiez le sang
De ceux qui dans les cieux tiennent le premier rang,
Sa bouche dont les cris passoient pour des merueilles
Vous trouuoit elle alors prisez de vos oreilles?
Ses yeux rares thresors si remplis de clarté,
N'auoient ils plus pour vous que de l'obscurité.

Cette bouche ou Zephir caressoit mille roses,
N'en auoit elle plus sur ses leures écloses,
Sa iouë ou presidoient les Graces, & l'Amour,
Estoit elle sans eux, ou flestrie à ce iour.
Ce beau sein ou des Dieux la sagesse profonde
Sembloit auoir logé le plan d'vn double monde,
N'auoit-il plus l'eclat qu'autrefois il portoit,
Dont il sçauoit dompter quiconque resistoit.
Enfin ce noble corps qui par vous perd la vie,
N'appartenoit il plus à la Nymphe Syluie.
Et quand vous luy faisiez des vostres vn tombeau,
Cessoit il de charmer, cessoit il d'estre beau.
Il estoit bien, Mechans, pourueu des mesmes armes.
Que lors qu'on adoroit ses inuincibles charmes.
Mais vous n'estes pas Loups, car si vous estiez tels,
Vous auriez reueré la Reyne des mortels.
Vous estes bien plustost d'execrables furies
Qui venez exercer icy vos barbaries
Ou de mauuais Demons que l'Enfer a lâchez,
Pour punir auiourd'huy nos infames pechez.
Mais soit que vous soyez, trouppe sale & gour-
　　mande,
Des bourreaux enuoyez de l'infernale bande,
Ou bien que vous soyez hostes de ces forests;
Le Ciel darde sur vous ses homicides traits
Et puissiez vous vn iour par vn destin funeste
Voir entre vos pareils & la rage & la peste;

Ou vous entremanger pour souler vostre faim
En expiant l'horreur de cet acte inhumain.
Mais pendant que ie parle à ces bestes horribles
Croyant de moderer des douleurs si sensibles,
Qui me rendra Syluie, & ses premiers appas.
Qui la retirera de la nuit du trepas,
Sera-ce vous rochers qui l'auez cent fois veuë
Auec les raretez dont elle estoit pourueuë ?
Sera-ce vous forests ? Sera-ce vous ruisseaux,
Qui l'auez tant de fois retenuë dans vos eaux ?
Ou bien sera-ce vous agreables Campagnes,
Sur qui l'alloient cherchant les Nymphes ses Com-
        pagnes,
Et sur qui tant de fois les Syluins amoureux
Ont dressé pour l'auoir des pieges dangereux.
Non cela ne se peut, l'impitoyable Parque
Quoy qu'elle n'ayt passé dans la fatale barque,
Ne lairra pas venir ses beaux esprits errans
Pour ranimer l'ardeur de mes membres mourans.
Sus doncques ie m'en vay dessus la riue sombre
Par vn coup genereux te reioindre, chere Ombre,
I'en sçay bien le moyen ; car desia dans mon sein
Tu sembles m'inuiter à ce noble dessein
Vers le prochain hameau s'eleue vn precipice,
Sur qui i'accompliray ce noble sacrifice,
Et sur qui l'on verra ce que i'ay merité,
Par le dernier effet de ma fidelité.

NERINE.

Il s'en va pour mourir, que ie fus rigoureuse,
De luy venir conter cette mort mal-heureuse.

SCENE III.

NERINE, DAPHNE'.

NERINE.

On frere ou courez vous? Quoy voulez
vous mourir,

DAPHNE'.

Sçais tu que nous ferons, il le faut secourir.

NERINE.

Comment le secourir sans tarder dauantage.

DAP.

DAPHNE'.

C'est qu'il s'en faut aller promptement au village,
Faire à tous les Bergers ce mandement expres;
Que sans deliberer ils le suiuent de pres.

NERINE.

Accourons donc Daphné sans souffrir que sa vie.
Se perde au souuenir de la mort de Syluie.

DAPHNE'.

Allons y de ce pas, mais differe vn moment
D'apprendre au vieil Montan ce soudain change-
ment.

L

SCENE IV.

TYRSIS, ERGASTE.

TYRSIS.

Omme ie te difois ayant perdu ma peine,
Ie viens pour retrouuer Amynte à la
fontaine,
Mais il eſtoit party, ce qui m'etonna
fort,
Car de-ja tout confus il couroit à la mort.

ERGASTE.

Ceux qui ſont amoureux en vſent de la ſorte
Lors que quelque dedain leur courage trans-por-
te,
Et par vn faux ſemblant inuoquent le trepas ;
Mais ſi la mort venoit ils ne l'attendroient pas.

TYRSIS.

Il est reduit au point qu'à moins qu'être luy mesme,
Il ne sçauroit gemir sous vn mal plus extreme.

ERGASTE.

Mopse qui sçait parler la l'angue des oyse-
aux,
Qui tient sous son pouuoir & la terre & les eaux,
Ce maistre souuerain qui force la Nature
Autre-fois luy predit sa fatale auenture,

TYRSIS.

Seroit-ce bien Mopse en qui l'on voit des
yeux,
Qui iettent le venim d'vn sort contagieux :
Et qui par cent moyens nous deguisans sa mi-
ne,
Cache la trahison qu'il couure en sa poitrine;
Si tu parles de luy tu me resioüis fort
Et nous sommes certains qu'Amynte n'est pas
mort.

Car tout ce qu'il predit d'vne voix effroyable
N'eut iamais de succez n'y de fin veritable.

EGRASTE.

Par ou reconnois tu son langage rusé,
Sur vn mesme suiet t'auroit il abusé,

TYRSIS.

Voy comme ie l'ay sceu sortant d'adolesence.
Vn iour ie desiray d'auoir sa connoissance,
Car alors abusé ie discourois de luy
De la méme façon que tu fais auiourdhuy.
Cependant le desir d'aller en cette ville,
A qui le Dieu du Pau porte vne onde seruile,
Me vint saisir l'esprit sans que Mopse le sceût
Mais en me regardant le traitre l'aperçeut,
Et me dit tu vas voir cette ville ou la pompe
Entretient vainement les esprits qu'elle trompe,
Ou sans crainte des Dieux on voit les Citoyens
Voler le bien d'autruy par de subtils moyens.
La tu rencontreras des Courtisans iniques,
Qui se mocquent toujours de nos pauures Rustiques;
Et qui dans leurs discours pour amuser les sots
A la Cour des grands Roys disent de nouueaux
    mots,

Prens donc garde, mon fils d'aller ou plus éclatte
La nouuelle façon, l'argent, ou l'écarlatte;
Et tâche d'euiter, comme prestigieux,
Vn Palais éclattant ou l'or charme les yeux.
Lors ie luy demanday quel Palais pouuoit estre
Celuy que son discours vouloit faire connoitre;
Si bien que poursuiuant le propos auancé
De la meme façon qu'il l'auoit commencé.
La dedans, me dit il, sous vn corps fantastique
Ses hostesses font voir par leur vertu magique
Du cuiure rafiné pour de l'excellent or,
Et des lingots de fer pour vn rare thresor,
Là par des cris charmans les murailles parlantes
Et plus que ne le sont les saphirs, éclattant,
Rendent à tous momens presqu'aux plus reculez,
D'vn miracle inoüy des tons articulez,
Non point comme l'Echo pres de quelque riuiere
Mais les propres accens d'vne parole entiere,
Et repetant bien plus qu'on ne leur en à dit
Laissent aux assistans le courage interdit.
D'eux mémes les chalits se changent de leur pla-
ce,
Les traiteaux vont sautant, & le feu deuient glace
Tout parle la dedans jusques aux animaux,
Mais mon fils, me dit-il, ce sont les moindres
maux;

Car tu pourras y voir de plus étranges choses,
L'on n'vse en ce lieu là que de Metamophoses.
Et tu courras danger de deuenir taureau
Ou saule, ou Leopard, ou flame, ou bien ruisseau.
M'ayant ainsy parlé d'vne assez froide mine
Ie pris congé de luy puis apres ie chemine
Tant qu'enfin iarriuay sans incommodité
Iusque dans le milieu de la grande cité.
Or comme ie passois vn iour pres d'vne porte
Que cent barres de fer ne rendoient que trop for-
    te,
I'entendis resonner par trois diuerses fois
Des chants miraculeux, & de diuines voix.
Lors vn grand Cheualier voyant que mes oreilles
Se laissoient enchanter à ces rares merueilles,
Sortit pour m'inuiter d'entrer en ce Palais,
Ou l'on voyoit regner la iustice & la paix;
Ah que ne vis ie point? des Nymphes bien coif-
    fees,
De nouuelles clartez, & d'excellens Orphées,
De qui les doctes doigts par de doux tremblemens
Faisoient mouuoir le corps de tous les Elemens.
L'on y voyoit encor l'Aurore diuisée
De ces Chantres sacrez, couuerte de rosee,
Telle qu'elle paroit quand laissant ses autels,
Elle se va placer entre les immortels.

Apres ie vis Phebus, & les sœurs du Parnasse,
Entre qui méme Elpin occupoir vne place.
Lors ressentant l'effet d'vne telle Maison,
Je ne sçay quel pouuoir me changea la raison,
Animé de fureur au profond des entrailles
Plein de diuinité ie chantay des batailles,
Iusque là qu'en cès boys estant depuis venu
Ce style en mon esprit s'est toujours retenu,
Car la mienne depuis sur les autres musettes
A pris le méme son que celuy des trompettes:
Mopse m'en sorcela m'entendant resonner
Et iamais plus depuis ie n'ay pû fredonner.
Reconnoy maintenant comme cette ame noire
Si digne de l'Enfer ne se doit iamais croire.

ERGASTE.

Ce glorieux récit me plait extremement,
Amynte n'aura pas vn si rude tourment.
Ou penses tu qu'il soit.

TYRSIS.

      Sil est encore en vie
Et si par desespoir il ne se l'estrauie,
Dedans l'antre d'Elpin il sera retiré,
Et la ie le verray d'vn visage épleuré.

Meditant les horreurs d'vn rigoureux supplice,
Accuser tous les Dieux de manquer de iustice.

ERGASTE.

Adieu pres de ce mont aux simples oyselets
Ie v'ay dresser des lacs, & tendre des filets.

ACTE V.

DAPHNE', SYLVIE, NERINE,
ERGASTE, TYRSIS, ELPIN,
ARISTIDE, MONTAN,
AMYNTE.

CENE PREMIERE.

DAPHNE', SYLVIE,

DAPHNE'.

Erine m'auoit dit qu'elle te croyoit
morte.

SYLVIE.

*Elle auoit bien raison de parler de la sorte:
Car iamais ie ne fus en vn danger si grand.*

M

DAPHNE'

Ce discours quoy que faux de crainte me surpend,
Lors que ie me souuiens qu'une étrange auenture,
Voulut perdre l'honneur de toute la Nature.
Mais de grace dis nous par quel destin heureux
Tu pûs te garantir d'vn mal si dangereux.

SYLVIE.

Ie poursuiuois vn Loup à trauers les broussailles,
A qui d'vn dard i'auois fait rougir les entrailles,
Croyant qu'apres ce coup par vn second effort
Du moins ie gaignerois la victoire en sa mort.
Cela n'arriua pas, car apres vne chasse
Qui dura fort long temps mon œil perdit sa trace;
Lors voyant que mes pas n'estoient que superflus,
Ie resolus enfin de ne le chercher plus.
Ie m'en retournay donc mais passant pres d'vn antre
Ie vis six autres Loups qui remplissoient leur ventre,
De la chair d'vn taureau qu'ils auoient egorgé.
Aupres d'eux l'on voyoit contre vn arbre rangé,
Vn qui couuert de sang pour arracher la fleche
Qu'il auoit dans le corps agrandissoit sa breche,
Ie l'approche de pres lors d'vn cry plein deffroy
Me connoissant tres bien, il s'elance sur moy;

J'attens sans m'etonner, & mon dard dont l'adresse
Menaçoit de punir cette beste traistresse,
S'eloigne de mon bras, resolu par son flanc
De faire ruisseler le reste de son sang:
Mais au lieu de frapper cet animal farouche
Il s'en alla poser dans le pied d'une souche;
Le Loup qui l'apperçoit étincelle des yeux,
Hurle effroyablement, & deuient furieux,
Puis se iette sur moy si transporté de rage,
Qu'à ne t'en point mentir ie perdis le courage,
Ie sentis dans le sang vne secrette horreur,
Qui me fit redouter sa barbare fureur.
Et qui me conseilla de ne le plus poursuiure
Si i'auois le desir de plus longuement viure
Apprens ce qui m'auint en courant par le boys,
Ie laissay choir à bas vn voile que i'auois,
Par ce qu'il m'empeschoit d'euiter sa poursuitte,
Et qu'il diuertissoit le bon-heur de ma fuitte,
Voila donc le suiet d'ou procedent vos pleurs.

DAPHNE.

Ie trouuerois bien mieux la fin de mes douleurs,
Si voyant auiourd'huy sans danger ma Syluie,
De la mesme façon vn autre estoit en vie.

M ij

SYLVIE.

Daphné de quelle mort maintenant parles tu?

DAPHNE'

Du miracle inoüy d'vne raré vertu ,
C'est enfin ce Berger si digne de ta plainte,
Qui de sa propre main a sa lumiere eteinte.

SYLVIE.

Daphné comme est-il mort? Ah miserable Amant,
Tu ne meritois pas vn si dur traitement.

DAPHNE'

Ie ne sçay si l'effet en sera veritable ,

SYLVIE.

Fasse le Iuste Ciel que ce soit vne fable.

DAPHNE'

Ie croys asseurement qu'il n'est que trop certain

SYLVIE

Peut-estre il n'aura pas vn si mauuais destin,
Mais qui le peut forcer à mourir de la sorte.

DAPHNE'

Aucun autre suiet sinon qu'il te creut morte.

SYLVIE

Parle plus clairement ou ie ne t'entens pas.

DAPHNE'

Le deplaisir qu'il eut d'apprendre ton trepas,
La sans doute forcé par le Fer ou la flamé
D'aller dans les Enfers pour reioindre ton ame.

SYLVIE.

Peut-estre, chere sœur, que par le mesme sort
Qui me fait voir le iour il ne sera pas mort.

DAPHNE'.

Ah ! que tu ne sçays pas combien vn mal extreme,
Peut forcer les esprits dans le temps que l'on ayme;

Et combien de eonſeils nous donne la douleur,
Alors qu'elle nous voit dans vn profond mal-heur.
Apres qu'il t'eut ſi bien ſeruie à la fontaine
Et que par vn mepris recompenſant ſa peine,
Des lors que tu te vis les pieds en liberté
Tu t'en allas cacher parmy l'obſcurité;
Sans moy deſſus ſon dard il eut finy ſa vie
Pour voir, comme il diſoit, ta colere aſſouuie,
Depuis ayant appris qu'vn Loup iniurieux
T'auoit pour tout iamais eloigné de nos yeux;
Ie vis comme il paſma d'vne douleur amere
Pour cette horrible mort qui n'eſt qu'vne chimere,
Et comme eſtant ſorty de cette pamoiſon,
Des lors qu'il pût auoir l'vſage de raiſon,
Il accuſa le Ciel de ſon peu de iuſtice,
Et courut furieux preparer ſon ſupplice.

SYLVIE.

O triſteſſe, ô douleur, Allons le ſecourir,
Auant que de ſa main il ſe faſſe mourir;
Car puis qu'il veut mourir croyant morte Syluie,
Il doit viure, Daphné, puiſque ie ſuis en vie.

DAPHNE'.

Quand nous ſuiurions ſes pas, les noſtres ſeroient
 vains,
Il ne peut receuoir du ſecours de nos mains.

SYLVIE.

Helas quel deplaisir afflige ma pensée,
D'auoir quand il viuoit sa belle ame blessée,
Et que ie me repens de cette cruauté
Que ie soulois voiler du nom d'honnesteté.

DAPHNE'.

Que vois-ie maintenant, ce cœur tant indompta-
    ble
A son mal-heur fatal se rend inconsolable.
Mais ie croy que ces pleurs sont des traits de pitié.

SYLVIE.

Ils en sont en effet, & de son amitié.

DAPHNE'

Amynte infortuné, tu fis comme l'auette,
Qui sortant sur le soir de sa sombre logette
Picque quelque Pasteur inconsiderement,
Et laisse en méme lieu la vie & le tourment.
Ainsy nous te voyons à ce cœur inuincible
Ne donner qu'en mourant vne douleur sensible.

SYLVIE.

Que ne m'eſt il permis de pouuoir à ce iour
Ranimer cét Amant au prix de mon amour.

DAPHNE'

Cela ne ſe peut plus ; car trop tard ta ieunef-
    ſe,
A pris pour le guerir l'amour & la ſageſſe.

SCENE

SCENE II.

ERGASTE, SILVIE, DAPHNE,

ERGASTE.

Ieux que i'ay de terreur, que i'ay de
    deplaisir
Et qu'vn rude transport vient mon
    ame saisir.

DAPHNE'.

Ergaste qui t'oblige à faire cette plainte:

ERGASTE.

Ie viens vous annoncer la mort du pauure Amynte.

DAPHNE'

Ie t'auois bien predit qu'il ne manqueroit pas
Apres ton feint mal-heur de courir au trepas.

N

SYLVIE.

Raconte nous au long cette triste nouuelle
Qui me glace le cœur d'vne atteinte mortelle.

ERGASTE.

Ie le croy ce Berger si digne de renom,
Ainsi qu'il expiroit, appella vostre nom.

DAPHNE'

Du moins raconte nous cette tragique histoire

ERGASTE.

Ie voudrois de bon cœur n'auoir point de memoire,
Ie t'endois des filets sur le bord des ruisseaux,
Et i'auois de-ja pris vn bon nombre d'oyseaux,
Lors qu'Amynte passant le visage si bléme,
Qu'on ne pouuoit iuger qu'il fut encor luy mesme,
Me dit, Ton œil Ergaste en sera le sémoin,
Mais iure moy deuant de ne voir que de loin;
Car ie te montreray prés de ce precipice,
Si tu viens auec moy, le plus grand sacrifice
Que l'on ayt iamais fait dans le temple d'Amour,
Par qui dans l'vniuers s'eternise ce iour.

Moy qui ne croyois pas qu'vn desir sanguinaire
Sollicitât son corps à se vouloir deffaire,
Ie iuray par Pallas, par Pan, par Iupiter,
Que iamais ie n'irois son dessein arrester,
Ayant fait ce serment ie suis, & l'accompagne
Iusques sur le sommet d'vne haute montagne,
Dont nous considerons le precipice affreux,
Lors Amynte riant d'vn souris amoureux,
Apres que ie me fus eloigné, fit entendre,
Ces mots qui contraignoient les Marbres de se fen-
   dre:
Solitaires vallons, rochers, plaines, & boys,
Halas écoutez moy pour la derniere fois.
Ah s'il estoit permis que les Loups effroyables,
Qui n'epargnerent pas des attraits adorables,
Me perdissent grands Dieux mon destin seroit
   beau,
D'auoir en les soulant leur ventre pour tombeau.
Car i'aurois le bon-heur d'abandonner la vie,
De la mesme façon que ma belle Syluie.
Que si ie ne puis pas m'exposer à leur faim
La mort m'appellera par vn autre chemin.
Syluie au moins reçois mon ame languissante
Si tu me voys mourir n'en sois point mécontente,
Souffre en changeant pour moy ton cruel seruiment,
Qu'aux Champs Elisiens reçoiue ton Amant.

Montre moy s'il se peut que les traits de l'enuie,
Ne peuuent trauerser vne seconde vie.
Puis en me regardant il conclud, Tu diras
Aux Bergers de ce lieu tout ce que tu verras.
La finit son discours ; car la teste premiere
Dans les vallons deserts il fit son cimetiere,
Sans qu'il me fut possible en le voyant mourir,
Comme vn amy parfait, de l'aller secourir,
Car plus froid qu'en hyuer n'est la plus dure glace
Ie demeuray long temps sans bouger d'vne place.

DAPHNE

Miserable Berger auois tu merité
Ce rude chastiment pour ta fidelité.

SYLVIE.

Pourquoy ne retins tu sa main desesperee
Estoit-ce par foiblesse, ou par la foy iurée.

ERGASTE.

Cette necessité qui n'auoit point de loy
Ne me permettoit pas de luy garder ma foy,
I'empoignay ce cendal qu'il auoit pour ceinture,
Mais ie ne pû iamais forcer sa sepulture,

Parce qu'il se rompit par les mortels efforts
Que faisoit parmy l'air la force de son corps.

DAPHNE.

Que deuint-il apres.

ERGASTE.

Ie ne le sçaurois dire.

SYLVIE.

C'est assez en parler puisque desia i'expire.
Ah puis qu'Amynte est mort par vn sanglant projet
Ne dois-ie pas mourir si i'en fus le suiet.
O cendal inhumain, cendal mille fois traitre,
De n'auoir diuerty le mal-heur de ton Maistre:
Si pour le soutenir contre vn si dur effort,
Tu n'as pû l'arrester, ie te croys assez fort.
Pour m'emuoyer à luy sans que luy mesme arriue,
Afin de me chercher sur l'infernale riue,
Et qu'il ayt demandé d'vn parler amoureux
Si ie n'ay point passé dans les champs bien-heureux.
Toy si tu me cheris ne verse plus de larmes
Contre vn mal-heur si grand, prens de plus fortes
    armes.
Qu'auec peu de raison i'ay blamé tes auis
Que i'eusse bien mieux fait de les auoir suiuis.

Ie n'aurois pas perdu d'vn courage barbare
Ce que tout l'Vniuers vid iamais de plus rare.
Que si i'ay le bon-heur d'auoir ton amitié,
Se ie púis témouuoir par des traits de pitié,
Viens t'en m'accompagner iusqu'à ces lieux fune-
    stes,
Qui conseruent encor des miserables restes,
Afin que sur son corps qui se brisa pour moy,
Par vn coup glorieux ie signale ma foy.

DAPHNE'.

Ie veux de tres-bon cœur te rendre ce seruice,
Est-il rien que pour toy mon desir n'accomplice.

SYLVIE.

Ergaste mene nous au vallon endurcy
Ou finit son destin.

ERGASTE.

Il n'est pas loin d'icy.

DAPHNE.

Seiche, seiche les pleurs qui te baignent la face,
Ie m'en vay t'y mener, i'en reconnois la place.

SYLVIE.

Adieu Nymphes Bergers, prez, montagnes, forests,
Adieu pauure Montan, adieu pour tout iamais.

SCENE III.

ARISTIDE, MONTAN, ELPIN, TYRSIS, AMYNTE.

ARISTIDE. (disciple d'Esculape.)

Ergers ie vous promets qu'elle n'est
pas mortelle.

MONTAN.

Mais helas croyez vous qu'elle ne soit pas telle.

ARISTIDE.

Il n'a rien de rompu, ie sçay sa guerison.

MONTAN.

Il est vn peu meurtry.

ARISTIDE.

C'estoit bien la raison
Qu'il se deut ressentir d'vne si dure atteinte.

MONTAN.

I'apprehende pourtant , & i'en tremble de crainte.

ELPIN.

Portez vos yeux en haut, & voyez ce rocher
Que les pieds sans effroy ne peuuent approcher,
Là vous apperceurez vn gros mouceau d'épines,
Que le Berger choqua, mais de qui les racines
Ne pouuant soustenir ce fardeau precieux,
Tomberent dessous luy deuant mes propres yeux.

TARSIS.

Mais n'apperçois-je pas la diuine Syluie,
Qui vient pour redonner à son Amant la vie.

SCENE

SCENE IV.

SYLVIE, DAPHNE', TYRSIS,
AMYNTE, MONTAN,
ARISTIDE, ERGASTE,

SYLVIE. (Se iettant sur Amynte)

Bjet le plus sanglant que mes yeux
sçauroient voir,
Qui fais que ma douleur ne se peut con-
ceuoir.
Beau corps failloit-il donc que tu laissas ton ame
Pour chercher aux Enfers le suiet de ta flâme,
Ah qu'il la bien fallu puisque ma cruauté
Ne pouuoit se flechir par ta fidelité.

AMYNTE. (En leuant les yeux)

et'ay cherché long temps dans ces heureuses plaines
t'ay veu plus long temps mes esperances vaines.

O

A moins que de venir dans le fleuue Lethé
I'alois pour oublier ton inhumanité.
Mais puisque ton amour te mene en cette terre
Ou tes facheux mépris ne me font plus la guerre,
Ie me resous enfin de perdre ce desir
Et de gouster en paix vn honnefte plaifir.

SYLVIE

Mon cœur tu vis encor contre mon efperance
Et le Dieu des Amours embraffa ta deffence ;
Ce font icy les boys au preside Cypris,
Ces Bergers que tu vois ne font pas des efprits.
Que fi tu ne le croys confidere à ton ayfe
Et reconnois du moins celle la qui te baife.

DAPHNE'

Qui peut s'imaginer ce bon-heur non-pareil.
Voyez comme Syluie a pris le teint vermeil.

AMYNTE.

Mes yeux font deßillez, & ie voy que nous fom-
mes
Maintenant dans les lieux ou viuent tous les hommes,
Mais terminerez vous mon penible tourment.

SYLVIE.

Tu me possederas non plus comme vn Amant,
Mais comme mon Epoux.

MONTAN.

Berger je la vous donne.

AMYNTE

Ie prise plus ce don qu'vne riche Couronne,
Et ie me sens guery de toutes mes douleurs.

ELPIN.

Miraculeux effet qui change les humeurs.

AMYNTE. Il la baise

Mais pour mieux m'asseurer en vous rendant homa-
ge,
Permettez qu'vn baiser en puisse estre le gage.

CENE DERNIERE.

NERINE, MONTAN, AMYN-TE, TYRSIS, SYLVIE.

NERINE, (Arriue.)

On frere n'eſt pas mort n'y Syluie
    non plus
Donc ſans perdre le temps en diſ-
    cours ſuperflus;
Accourons le baiſer. Quoy vous
    eſtes en vie,
Et vous poſſederez voſtre ingratè Syluie.

AMYNTE.

Tu vois comme les Dieux eſtiment les Mortels
Qui portent du reſpeĉt à leurs ſacrez autels.
Mais ie croirois Bergers que ce iour fauorable
Dans les ſiecles futurs ſeroit conſiderable,
Si par vn double hymen il pouuoit s'acheuer,
Tyrſis, pauure Tyrſis, tu me ſembles reſuer,

Nerine à ton auis peut-elle estre assez belle
Pour mettre à la raison ton ame si rebelle,
Contre les loix d'amour.

TYRSIS.

Bien que i'eusse voulu
Ne me ioindre iamais sous ce ioug absolu,
L'honneur que l'on me fait m'apporte tant de gloire,
Qu'il faudra malgré moy luy donner la victoire,
Mais Nerine peut-estre à qui ie n'ay iamais
Raconté mon amour dans nos sainctes forests,
Ne s'acordera pas à ce bon-heur extreme.

NERINE.

Vous cherissez Amynte, & i'adore qui l'aime.

TYRSIS.

Puis que vous me iugez digne de cet honneur
Ie sçauray m'acquitter d'vne telle faueur.

MONTAN.

Nerine n'est-ce pas ce que me dit mon Pere.
Qu'vn seul coup de la mort finiroit ma misere;

Et que dans peu de temps vn Dieu miraculeux,
Par son diuin pouuoir nous vouloit rendre heureux.
Sus qu'vn chacun de nous deuot à mon exemple,
Pour le remercier s'achemine à son Temple.
Puis ayant presenté des precieux encens,
Et celebré ce iour par des ieux innocens,
Nous irons accomplir cette meme iournee
Le festin solennel de ce double hymenee.

F I N.